Wirtschaftspolitische Forschungsarbeiten der Universität zu Köln

Band 37

I0028366

Konzepte zur Messung der Unabhängigkeit von Zentralbanken

von

Philipp Botzenhardt

Herausgegeben von Prof. Dr. Manfred Feldsieper

Tectum Verlag
Marburg 2001

In der Schriftenreihe *Wirtschaftspolitische Forschungsarbeiten* des Tectum Verlags erscheinen in unregelmäßiger Folge herausragende Forschungsarbeiten aus dem Umfeld der Universität zu Köln.
Herausgegeben wird die Reihe von Prof. Dr. Manfred Feldsieper.

Die Deutsche Bibliothek - CIP-Einheitsaufnahme

Botzenhardt, Philipp:
Konzepte zur Messung der Unabhängigkeit von Zentralbanken
/ von Philipp Botzenhardt
- Marburg : Tectum Verlag, 2001
Wirtschaftspolitische Forschungsarbeiten der Universität zu Köln ; Bd 37
ISBN 3-8288-8214-5

Tectum Verlag
Marburg 2001

VORWORT

Die vorliegende Schriftenreihe hat zum Ziel, die Forschungsbemühungen und Forschungsarbeiten insbesondere jüngerer Nachwuchswissenschaftler einer breiteren Öffentlichkeit bekannt zu machen. Ausgewählt werden nur Arbeiten, die nach Einschätzung des Herausgebers von ihrer Thematik, von ihrer Darstellung und von ihren Ergebnissen her auch für einen breiteren Kreis von Fachleuten von Interesse sein könnten. Aufgenommen werden sollen vor allem Arbeiten mit starkem wirtschaftspolitischem und wirtschaftsempirischem Bezug.

Eine zentrale und inzwischen weitgehend akzeptierte Schlußfolgerung aus institutionentheoretischen und polit-ökonomischen Studien lautet, daß „unabhängige Zentralbanken" auf längere Sicht ein höheres Maß an Geldwertstabilität sicherstellen, d.h. eine niedrigere Inflationsrate durch ihre Geldpolitik bewirken als „abhängige Zentralbanken".

Was heißt aber nun „unabhängig" oder „abhängig" im Bezug auf Zentralbanken, die – jedenfalls was die vergangenen Jahrzehnte angeht – alle staatliche Institutionen sind und deren Eigentümer zumeist auch die Staaten selbst sind?

Ausgehend von umfangreichen Disussionen in Deutschland, insbesondere angestoßen durch ordo-liberale Vorstellungen und Euckens Forderung nach dem Primat der Währungspolitik, ist es in den letzten zwei Jahrzehnten zu einer umfangreichen Diskussion um das Phänomen „Unabhängigkeit von Zentralbanken" gekommen, die in den letzten Jahren auch verstärkt in Versuchen gipfelte, Meßkonzepte und Indices für die Unabhängigkeit von Zentralbanken zu entwickeln, um das Problem auch empirisch in den Griff zu bekommen.

Die vorliegende Arbeit von Herrn Botzenhardt versucht nun, einen systematischen und kritischen Überblick über die – man muß inzwischen wohl sagen – Fülle der Versuche zur Messung der Unabhängigkeit von Zentralbanken zu geben. Zwei grundsätzlich unterschiedliche Ansätze sind feststellbar. Die sog. „rechtsbasierten" Konzepte stehen auf der einen Seite. Sie nehmen das rechtliche und institutionelle Regelwerk, das für Zentralbanken existiert, zum Nominalwert und versuchen es zu operationalisieren, zu quantifizieren und in entsprechende Indexkonstruktionen zu überführen. Die Versuche zur Messung des tatsächlichen Grades der Unabhängigkeit von Zentralbanken stehen auf der anderen Seite.

Es überrascht nicht, daß die aus beiden Ansätzen resultierenden Ergebnisse weder untereinander noch in einem Vergleich miteinander immer zu gleichen oder doch sehr ähnlichen Ergebnissen führen. Das „optimale" Meßverfahren zur Ermittlung des Unabhängigkeitsgrades von Zentralbanken steht noch aus.

Dennoch gibt es einige ziemlich klare und überzeugende Ergebnisse, die Herr Botzenhardt in seiner Arbeit systematisch herausarbeitet. Und andererseits bieten auch die divergenten Ergebnisse, die Herr Botzenhardt kritisch analysiert und kommentiert, die Basis für viele vernünftige Einsichten und Schlußfolgerungen.

Dem Leser, der sich zum Einstieg kurz, aber dennoch gründlich und umfassend mit der Empirie der Meßbarkeit des Phänomens der Unabhängigkeit von Zentralbanken vertraut machen möchte, kann die vorliegende knappe Schrift von Herrn Botzenhardt nur empfohlen werden.

Köln, im Oktober 2000   Univ.-Prof. Dr. Manfred Feldsieper

INHALTSVERZEICHNIS

VERZEICHNIS DER TABELLEN

VERZEICHNIS DER ABBILDUNGEN

VERZEICHNIS DER IN DER ARBEIT VERWANDTEN MEß-KONZEPTE

A	Meßkonzept von Alesina (1988; 1989)
AS	Meßkonzept von Alesina/Summers (1993)
BP	Meßkonzept von Bade/Parkin
BW	Meßkonzept von Burdekin/Willett (1991)
CMW	Meßkonzept von Capie/Mills/Wood (1994)
dHS	Meßkonzept von De Haan/Sturm (1992)
EpS	Meßkonzept von Epstein/Schor (1986)
ES	Meßkonzept von Eijffinger/Schaling (1993)
FH	Meßkonzept von Fratianni/Huang (1994)
G-P	Meßkonzept der politischen Unabhängigkeit von Grilli/Masciandaro/Tabellini (1991)
G-Ö	Meßkonzept der ökonomischen Unabhängigkeit von Grilli/Masciandaro/Tabellini (1991)
GMT	Meßkonzept der politischen und ökonomischen Unabhängigkeit von Grilli/Masciandaro/Tabellini (1991)
LVAU	Ungewichteter Index der gesetzlichen Unabhängigkeit von Cukierman (1992a)
LVAW	Gewichtetes Meßkonzept der gesetzlichen Unabhängigkeit von Cukierman (1992a)
QVAU	Meßkonzept auf Basis des Fragebogens von Cukierman (1992a)
TURN	Durchschnittliche Anzahl der Wechsel der Zentralbankpräsidenten (1950-89) nach Cukierman (1992a)
VUL	Meßkonzept der politisch bedingten Wechsel der Zentralbankpräsidenten nach Cukierman/Webb (1995)

1 EINLEITUNG

Das Thema der Unabhängigkeit der Zentralbank war lange Zeit eher ein Randthema der internationalen Wirtschaftswissenschaften. Erst seit Mitte der 1980er Jahre ist es aus verschiedenen Gründen zu einem Aufleben der Diskussion über die Zentralbankunabhängigkeit gekommen (Issing 1981: 1). Nach dem Zusammenbruch des Festkurssystems von Bretton Woods 1973 hat die Erfahrung unterschiedlicher und zum Teil hoher Inflationsraten in den Industrieländern zu der Frage nach den Ursachen für diese Entwicklung geführt. Hierbei ist die Zentralbank als Träger der Geldpolitik in das Zentrum des Interesses derjenigen Studien gerückt, die versuchen, die verschiedenen Inflationsentwicklungen der OECD-Länder anhand unterschiedlicher institutioneller Strukturen zu erklären. Weiterhin ist es im Rahmen der Diskussion über die Konzipierung der Europäischen Zentralbank und der institutionellen Reformen in Transformations- und Entwicklungsländern zu einer umfangreichen Literatur über die optimale Ausgestaltung der geldpolitischen Institutionen gekommen.

In der wirtschaftswissenschaftlichen Diskussion hat sich gleichzeitig die Überzeugung durchgesetzt, daß die Sicherung des Geldwertes den besten Beitrag darstellt, den die Geldpolitik im Rahmen der Wirtschaftspolitik leisten kann (Issing 1999a: 31). Dabei haben Erkenntnisse der Neuen Politischen Ökonomie und der Spieltheorie zu der Überzeugung geführt, daß die Unabhängigkeit der Zentralbank von der Politik, der ein Interesse an einer kurzfristig inflationären Geldpolitik unterstellt wird, eine Möglichkeit darstellt, für langfristige Geldwertstabilität zu sorgen.

Vor dem Hintergrund dieser Diskussion und mit dem Motiv, die aus der Theorie gewonnenen Erkenntnisse zu überprüfen und/oder die unterschiedlichen Inflationserfahrungen der OECD-Länder in den 1970er und 1980er Jahren zu erklären, sind eine Vielzahl von Studien entstanden, die den Zusammenhang zwischen der Unabhängigkeit der Zentralbank und makroökonomischen Variablen untersuchen. Hierbei bedienen sich die Studien verschiedener Konzepte zur Messung der Unabhängigkeit von Zentralbanken. Viele der Untersuchungen finden einen negativen, statistisch signifikanten Zusammenhang zwischen der Inflationsrate und der Unabhängigkeit der Zentralbanken in den OECD-Ländern. Neuere Arbeiten dagegen stellen die empirischen Ergebnisse zum Teil in Frage. Sie kritisieren u.a. (i) die Messung der Unabhängigkeit der Zentralbank, (ii) die Robustheit der empirischen Ergebnisse und (iii) die Kausalität des Zusammenhangs zwischen Unabhängigkeit und der Inflationsrate.

Im Zentrum der vorliegenden Arbeit stehen die Konzepte zur Messung der Unabhängigkeit von Zentralbanken. Hierbei sollen die theoretischen Argumente, die für die Unabhängigkeit der Zentralbank sprechen sowie die konstituierenden Elemente der Unabhängigkeit im Kapitel 2 vorgestellt werden. Eine ausführliche Beschreibung der verschiedenen Konzepte zur Messung der Unabhängigkeit von Zentralbanken erfolgt in Kapitel 3, wobei eine Unterscheidung zwischen rechtsbasierten Konzepten, welche die gesetzliche Unabhängigkeit von Zentralbanken messen (Kapitel 3.1), und eher verhaltensbasierten Konzepten, die versuchen, die tatsächliche Unabhängigkeit der Zentralbank zu erfassen (Kapitel 3.2), getroffen wird. Kapitel 3.3 vergleicht die vorgestellten Konzepte unter verschiedenen Gesichtspunkten. In Kapitel 3.4 findet eine zusammenfassende Kritik der Konzepte statt. Bei dem Vergleich und der Kritik der Konzepte soll v.a. untersucht werden, wie die Autoren bei der Messung methodologisch vorgehen, auf welche Aspekte der Zentralbankunabhängigkeit sie sich konzentrieren und wie zuverlässig die verschiedenen Konzepte sind. Abschließend werden in Kapitel 4 die Ergebnisse der Anwendung der Konzepte in den Studien über den Zusammenhang zwischen der Unabhängigkeit der Zentralbank und der Inflationsrate sowie deren Kritik kurz dargestellt.

2 THEORETISCHE VORÜBERLEGUNGEN

Die Motivation zur Messung der Unabhängigkeit von Zentralbanken liegt in der Überprüfung der theoretischen Hypothese begründet, es könne einer von der Politik unabhängigen Zentralbank ceteris paribus (c.p.) besser gelingen, eine langfristige Sicherung des Geldwertes zu gewährleisten.[1] Ist dies der Fall, dann kann im unterschiedlichen Grad der Unabhängigkeit von Zentralbanken eine wichtige Determinante der divergierenden Inflationserfahrungen der OECD-Länder in den 1970er und 1980er Jahren liegen.

Die geringe Aufmerksamkeit, die in den meisten Studien zur Messung der Unabhängigkeit von Zentralbanken der theoretischen Diskussion und den aus ihr entstehenden Implikationen geschenkt wird, ist verschiedentlich kritisiert worden (siehe Kapitel 3.3). Daher sollen im folgenden die wesentlichen theoretischen Argumente, die für die Zentralbankunabhängigkeit sprechen, vorgestellt werden. Der zweite Teil des Kapitels bespricht die konstituierenden Elemente der Zentralbankunabhängigkeit und dient so als Hintergrund für die Vorstellung und Kritik der Meßkonzepte.

2.1 DIE THEORETISCHE DEBATTE UM DIE UNABHÄNGIGKEIT DER ZENTRALBANK

Im Zentrum der theoretischen Diskussion um die Zentralbankunabhängigkeit steht die Frage, wie die Geldpolitik so gestaltet werden kann, daß sie den besten Beitrag für die Gesellschaft leistet. Diesen Beitrag sehen fast alle Wirtschaftswissenschaftler in der Sicherung des Geldwertes (Issing 1999a: 31).[2] Ursache für die nahezu vollständige Übereinstimmung ist die Ansicht, daß auch eine moderate Inflation auf Dauer vermieden werden sollte,[3] und die empirisch bestätigte Annahme der mittel-

---

[1] Alle Studien, die die Auswirkungen der Unabhängigkeit der Zentralbank mittels Indizes untersuchen, berufen sich auf diesen Zusammenhang. Siehe Alesina (1993), Cukierman (1992a), Debelle/Fischer (1994), Eijffinger/Schaling (1993), Grilli/Masciandaro/Tabellini (1991) und im Überblick: Eijffinger/De Haan (1996).

[2] Neumann (1997: 20) erwähnt auch eine moralische Verpflichtung der Regierung, den Geldwert zu sichern: „Given that the government vindicates the monopoly of monetary production, it has the moral obligation to provide the citizen with stable money in exchange for his or her assets."

[3] Zu den Kosten von Inflation siehe Bofinger/Reischle/Schächter (1996: 22-107), Cassel (1990), Fischer (1995b), Wagner (2000: 350-352) und Willeke (1993: 7-19). Nahm man früher zum Teil noch einen positiven Effekt von moderater Inflation auf das Wirtschaftswachstum an (u.a. Tobin Effekt), so betont man heute die Kosten der Inflation durch die negativen Auswirkungen auf das langfristige Wirtschaftswachstum, die in den letzten Jahren zunehmend Bestätigung in der endogenen Wachstumstheorie (De Gregorio 1993) und durch die empirische Forschung bekommen hat. (Barro 1995; Bruno 1998; Fischer 1993) Romer (1996: 433) weist jedoch darauf

und langfristigen Vertikalität der Phillips-Kurve. Der in der Phillips-Kurve impli-
zierte *Trade-off* zwischen Inflation und Beschäftigung, der heutzutage nur als
kurzfristig gegeben angesehen wird, hatte lange als Argument für eine expansive
Geldpolitik gedient. Da eine anhaltende Inflation ein weitgehend monetäres
Phänomen darstellt und auf die Alimentierung durch die Geldpolitik angewiesen ist,
kann die Inflationsrate zumindest mittel- bis langfristig von der Zentralbank
kontrolliert werden.[4]

Als Träger der Geldpolitik handelt die Zentralbank in einem Spannungsfeld
unterschiedlicher Interessen, in dem die Regierung und andere Akteure versuchen,
auf sie einzuwirken (Caesar 1981; Cukierman 1992a; Willeke 1993: 24). Wesentliche
Akteure, die den Handlungsspielraum[5] der Zentralbank eingrenzen können, sind
neben der Regierung das Parlament, die Tarifparteien (Arbeitgeber und Arbeitneh-
merverbände), die Öffentlichkeit und das Ausland. Hierbei nimmt die Regierung
eine zentrale Position ein, da sie als wichtigster Akteur der Wirtschaftspolitik und
Quelle der durch Gesetze delegierten Unabhängigkeit der Zentralbank den direkte-
sten formellen und informellen Einfluß auf diese besitzt. In der theoretischen
Literatur um die Zentralbankunabhängigkeit geht es daher v.a. darum, die auf das
Ziel der Geldwertstabilität ausgerichtete Geldpolitik so gut wie möglich vor inflatio-
närem Druck seitens der Regierung oder der Politik im allgemeinen zu schützen.[6]

2.1.1 DAS POLITISCHE INTERESSE AN DER INFLATION

Das Interesse der Regierung an Inflation beruht auf der Möglichkeit, durch inflationäre Schübe reale Auswirkungen kurzfristig erreichen zu können, und so das Ziel
der Sicherung des Geldwertes zugunsten kurzfristiger Konjunkturpolitik oder

---

hin, daß einige Ökonomen auch eine moderate Inflation (von 3% bis fast 10% pro Jahr) für
vertretbar halten.

[4] Dies gilt, solange ein Zusammenhang zwischen Geldmenge und Inflation zumindest mittel- und
langfristig existiert und die Zentralbank die Geldmenge hinreichend steuern kann (Willeke 1993:
23).

[5] Der Begriff des Handlungsspielraums einer Zentralbank geht auf Hansmeyer (1968) zurück.
Nach Caesar (1981: 69) läßt sich der Handlungsspielraum einer Notenbank als „(...) die Gesamt-
heit der Möglichkeiten der Notenbank charakterisieren, ihre Aufgaben nach ‚allgemeinem Verständnis' zu erfüllen, ohne durch juristische Bestimmungen, politische Widerstände oder ökonomische Wirkungshemmnisse behindert zu werden." Der Begriff des Handlungsspielraums soll
hier synonym mit dem der (tatsächlichen) Unabhängigkeit benutzt werden.

[6] Goodhart (1995b: 73-74) bringt dies auf den Punkt: Das Erreichen des Zieles der Geldwertstabilität „(...) requires technical expertise, good models of the economy, discretion, patience and
long horizons, none of which governments ministers as a collective, irrespective of personality,
party or country, have been renowned for possessing. There is no doubt that the popularity of
the idea of an independent central bank has, as its flip side, a generalized distrust of politicians
of all shapes and sizes."

fiskalischer Interessen zurückzustellen. Folgende Motive werden in der Literatur erwähnt:[7]

(i) Das Beschäftigungsmotiv: In der modernen Makroökonomie werden nichtantizipierten Erhöhungen der Inflation positive Beschäftigungs- und Produktionswirkungen im Sinne eines kurzfristigen Phillips-Kurven *Trade-offs* zugeschrieben. Die Ursachen hierfür können unvollständige Informationen (Neue Klassische Makroökonomie[8]) oder Lohn- und Preisrigiditäten bei längerfristigen Verträgen (Neo-Keynesianische Theorie[9]) sein.

(ii) Das Seigniorage[10]-Motiv: Ein zweites wichtiges Motiv für das politische Interesse an der Inflation ist die Möglichkeit der Finanzierung von Haushaltsdefiziten und/oder öffentlichen Ausgaben durch die Notenbank. Letztlich haben alle großen Inflationen in der Geschichte ihre Ursache in der Staatsfinanzierung durch die Notenpresse (Neumann 1992: 754). In den Industrieländern ist die Bedeutung der Seigniorage heutzutage relativ gering.[11] Wichtiger hingegen ist sie v.a. in Entwicklungsländern, in denen andere Einnahmearten des Staates schwieriger zu realisieren sind.[12]

(iii) Das Zahlungsbilanzmotiv: Eine überraschende Abwertung erleichtert die Situation einer stark negativen Zahlungsbilanz (Wagner 2000).

---

[7] Zu den verschiedenen Motiven siehe Kastner (1994) und ausführlich: Cukierman (1992a).

[8] Die Neue Klassische Makroökonomie macht hierfür bei rationalen Erwartungen, vollständig flexiblen Löhnen und Preisen sowie geräumten Märkten die unvollständige Information der Privaten verantwortlich, die die Auswirkungen der erhöhten Geldmenge auf das (erwartete) Preisniveau nicht richtig einschätzen. (Lucas 1972; Lucas 1973)

[9] In der Neo-Keynesianischen Theorie (Fischer 1977; Taylor 1980) werden die Beschäftigungswirkungen mit kurzfristigen Preis- und Lohnstarrheiten begründet. Entsprechend der Laufzeit der Verträge (v.a. Tarifverträge) sind hier die realen Effekte etwas länger als in der Theorie der Neuen Klassischen Makroökonomie.

[10] Unter Seigniorage versteht man die Einnahmen des Staates, die durch die Differenz zwischen dem Nennwert staatlich emittierten Geldes und dessen vergleichsweise geringen Produktionskosten entstehen. Über die Notenbank kann sich also der Staat durch die Emission von Geld zusätzliche Einnahmen neben den regulären Steuereinnahmen verschaffen (Bofinger/Reischle/Schächter 1996: 48). Hierbei entspricht die Seigniorage dem Produkt aus Inflationsrate (Steuerhöhe) und realer Kassenhaltung (Steuerbasis) der Privaten. Aufgrund des Steuercharakters der Seigniorage wird sie oft auch als Inflationssteuer bezeichnet. Die Beliebtheit der Seigniorage beruht v.a. darauf, daß sie nicht vom Parlament verabschiedet werden muß und sich die Wirtschaftssubjekte nur in einem sehr geringen Maße gegen sie wehren können (Cukierman 1992a; Cukierman/Edwards/Tabellini 1992).

[11] Grilli/Masciandaro/Tabellini (1991) errechnen für 18 Industrieländer im Zeitraum von 1950-1987 ein prozentuales Verhältnis der Seigniorage zum Bruttosozialprodukt (BSP) von etwa 1%.

[12] In vielen Entwicklungsländern führen wenig entwickelte Kapital- und Finanzmärkte, ineffiziente Steuersysteme und eine sehr geringe Steuermoral zu sehr begrenzten Einnahmemöglichkeiten des Staates (Wagner 2000). Daher wird hier öfter auf die Inflationssteuer zurückgegriffen. Ein Anteil der Seigniorage bis zu 10% des BSP sind keine Seltenheit (Fry 1994).

Warum aber sollte die Regierung aus kurzfristigem Interesse die langfristigen Kosten der Inflation mißachten? Intuitiv einleuchtend erscheinen die Ansätze der Neuen Politischen Ökonomie, die den Politiker, wie andere Wirtschaftssubjekte auch, als egoistischen Nutzenmaximierer ansehen. Fiskalische Zwänge stellen dann ebenso eine Ursache für ein Interesse an der Inflation dar wie das Wiederwahlinteresse der Politiker (Nordhaus' (1975) Theorie des *political business cycle*[13]) oder unterschiedliche Inflationspräferenzen verschiedener politischer Parteien (die auf Hibbs' (1977) zurückgehende *partisan theory*[14]).[15] Besonders bei hoher politischer Instabilität, wenn also die Wiederwahlchance für die Regierung gering ist, dürfte ein kurzer Zeithorizont bei den Politikern vorliegen und die Motivation, kurzfristige positive Wirkungen der Inflation trotz deren langfristigen Kosten zu erzielen, um so größer sein.[16] Daß der Politiker aber auch dann einem Anreiz zur Überraschungsinflation unterliegen kann, wenn er als „wohlwollender Diktator" handelt,[17] zeigen die spieltheoretischen Arbeiten über die Zeitinkonsistenz der optimalen Geldpolitik.

2.1.2 RULES VERSUS DISCRETION UND DIE ZEITINKONSISTENZ DER GELDPOLITIK

Aufgrund des starken Interesses der Regierung an der Instrumentalisierung der Geldpolitik für die eigenen Interessen ist es zu Überlegungen gekommen, die Geldpolitik dem Griff der Regierung zu entziehen und festen Gesetzmäßigkeiten zu unterwerfen.[18] Die bis in das 19. Jahrhundert zurückgehende Debatte über „Regeln

---

[13] Die Theorie besagt, daß Politiker versuchen werden, ihre Wiederwahlchancen mittels einer kurzfristigen Stimulierung der Wirtschaft durch Geldmengenexpansion vor den Wahlen zu erhöhen.

[14] Der Ansatz wurde von Alesina (1988) weiterentwickelt und unterstellt den politischen Parteien unterschiedliche Inflationspräferenzen, die sich auf die Geldpolitik übertragen werden. Vaubel (1993; 1997) findet andererseits in Deutschland Hinweise dafür, daß Zentralbanker versuchen, den Wirtschaftskurs der ihnen angenehmen Partei zu unterstützen.

[15] Einen Überblick über diese Arbeiten geben Persson/Tabellini (1997), Hadri/Lockwood/Maloney (1998), Havrilesky (1993a) und Kirchgässner (1996).

[16] Siehe hierzu Grilli/Masciandaro/Tabellini (1991) und Bofinger/Hefeker/Pfleger (1998: 68-71), die einen Zusammenhang zwischen politischer Stabilität und der Inflationsrate in den OECD-Ländern finden.

[17] Traditionell geht die Makroökonomie von dem Politiker als „wohlwollendem Diktator" aus, der sich bei seinen Entscheidungen an der gesellschaftlichen Wohlfahrt und nicht an egoistischen Interessen orientiert. Diese Sichtweise ist v.a. von Vertretern der Neuen Politischen Ökonomie kritisiert worden. Siehe z.B. Bofinger/Hefeker/Pfleger (1998: 59).

[18] Feste Gesetzmäßigkeiten herrschten zum Beispiel noch zu Zeiten des Goldwährungssystems. Nach dem Zusammenbruch des Systems in den 1930er Jahren wurde die Geldschöpfung in den Papierwährungen endgültig und weltweit ihrer „goldenen Bremse" entledigt (Issing 1981: 336/7), nachdem die Regeln des Goldwährungsstandards in vielen Ländern bereits zu Beginn des 1. Weltkrieges ausgesetzt worden waren.

versus Entscheidungsspielräume" (*Rules versus Discretion*)[19] in der Geldpolitik sollte in der Debatte zwischen Keynesianern und Monetaristen eine Neuauflage erfahren. Anders als die Keynesianer, die eine aktive antizyklische Geldpolitik im Dienste der Konjunkturglättung propagierten, ging es den Monetaristen darum, das Geldmengenwachstum an eine feste Regel zu binden und somit die Geldpolitik ihrer diskretionären Spielräume zu berauben.[20] Aufgrund vielfältiger Schwierigkeiten bei der Implementierung einer geldpolitischen Regel hat sich dieser Vorschlag in der Praxis jedoch nicht durchsetzen können.[21]

Zu einem Aufleben der Diskussion um *Rules versus Discretion* in den achtziger Jahren führten die Arbeiten von Kydland/Prescott (1977) und Barro/Gordon (1983a; 1983b), die sich mit der Zeitinkonsistenz optimaler Geldpolitik beschäftigen.[22] Ihr spieltheoretischer Ansatz erlaubt es, die strategische Interaktion der beteiligten wirtschaftspolitischen Akteure zu beschreiben. In der Diskussion wird versucht, die prinzipielle Überlegenheit von Regeln auch unter Annahmen nachzuweisen, die eigentlich für eine diskretionäre Geldpolitik sprechen würden.[23] Das Problem der zeitlichen Inkonsistenz in der Geldpolitik besteht darin, daß die Privaten aufgrund rationaler Erwartungen und vollständiger Information wissen, daß die Zentralbank versucht ist, nach dem Abschluß bindender Verträge (z.B. Tarifverträge) seitens der Privaten zu inflationieren,[24] und diese die von ihnen erwartete Inflation schon in

---

[19] Die Debatte nimmt ihren Anfang in der Auseinandersetzung zwischen der *Currency*-Schule und der *Banking*-Schule. Die Anhänger der *Banking*-Schule vertraten entgegen den Anhängern der *Currency*-Schule die Auffassung, daß es auch ohne eine enge Bindung der Emission von Papiergeld an die Goldvorräte der Notenbank zu einer stabilitätskonformen Ausweitung der Geldmenge kommen könne. Zu historischen Aspekten der Diskussion siehe Capie/Goodhart/Schnadt (1994: 80-85), Felderer/Homburg (1989: 248-250), Goodhart (1988). Die Bezeichnung der Debatte geht auf den Aufsatz „Rules versus authorities in monetary policy" von Simons (1936) zurück.

[20] Als bekanntester Fall sei hier die von Friedman (1970) propagierte k%-Regel genannt. In ihr schlägt Friedman vor, die Geldmenge um einen bestimmten konstanten Prozentsatz jährlich wachsen zu lassen (Felderer/Homburg 1989: 252-254).

[21] Neben die Schwierigkeit, eine optimale Regel für das Geldmengenwachstum zu definieren, tritt die Frage, wer über die Einhaltung dieser Regel wachen soll. Sind es die Politiker, so haben letztendlich wieder diejenigen die Kontrolle über die Einhaltung der Regel, denen man die Kontrolle eigentlich entziehen wollte. (Neumann 1997: 21) „What remains is the choice between simple rules, which are inflexible, and discretionary policies which display an inflation bias." (Wagner 1999: 8). Siehe auch Kastner (1994: 192-200) und Issing (1996).

[22] Kydland/Prescott (1977) beschäftigen sich generell mit der Zeitinkonsistenz optimaler Pläne. Einen Überblick über die Bedeutung für andere Bereiche findet sich in Loef/Ziemes (1989).

[23] Diese Annahmen sind: (i) Die Geldpolitik orientiert sich an der gesellschaftlichen Wohlfahrt. (ii) Sie ist in der Lage die wirtschaftliche Entwicklung (Inflation und reales Sozialprodukt) perfekt zu steuern. (iii) Es existiert eine „natürlichen Arbeitslosenrate". (iv) Eine nicht antizipierte Inflation hat Auswirkungen auf Beschäftigung und Output. (v) Die Wirtschaftssubjekte bilden rationale Erwartungen. Einen Überblick über die Debatte geben Blackburn/Christensen (1989).

[24] Die Motive für eine Überraschungsinflation wurden in Kapitel 2.1.1 dargelegt. An dieser Stelle sei jedoch auf die große Bedeutung von Verzerrungen am Arbeitsmarkt im Modell von Barro/Gordon (1983a) und den in auf ihm basierenden Studien zur Zeitinkonsistenz optimaler

den Verträgen antizipieren. Will die Zentralbank keine Rezession hervorrufen, bleibt ihr nun nur die Möglichkeit, diese erwartete Inflation auch zu bedienen (Fischer 1995b: 32-33):

All that keeps inflation from being lower is the central bank's inability credibly to promise not to create surprise inflation at lower inflation rates – to precommit, in the language of game theory. Any device or institutional change that persuades the private sector that the government will not produce surprise inflation at lower inflation rates will reduce the equilibrium inflation rate.

Die aus dem einperiodigen Spiel von Barro/Gordon (1983a) resultierende zwingende Überlegenheit einer geldpolitischen Regel relativiert sich in realistischeren mehrperiodigen Modellen, da es hier gelingt, die Bedeutung der Glaubwürdigkeit und der Zeithorizonte in der Geldpolitik nachzuweisen, die es auch einer diskretionären Politik ermöglichen, zeitkonsistent zu sein (Kastner 1994: 88).

2.1.3 DIE UNABHÄNGIGKEIT DER ZENTRALBANK ALS INSTITUTIONELLE LÖSUNG

Die dargestellten Glaubwürdigkeitsprobleme einer nicht-inflationären Geldpolitik seitens der Regierung haben Folgen für die institutionelle Ausgestaltung der Zentralbank. Gelingt es, die Zentralbankverfassung so zu gestalten, daß die Geldpolitik keinem systematischen Anreiz zur Überraschungsinflation unterliegt, kommt es zur weitgehenden Lösung des Glaubwürdigkeitsproblems.[25] In der Literatur sind verschiedene Lösungsvorschläge gemacht worden, die sich im Sinne der Unabhängigkeit der Zentralbank interpretieren lassen.[26] Die Unabhängigkeit der Zentralbank ist dann wichtig, wenn die Zentralbank eine andere Politik verfolgt als die Regierung. Hierfür werden entweder unterschiedliche Zeitpräferenzen der handelnden Akteure oder unterschiedliche Gewichtungen geldpolitischer Ziele verantwortlich gemacht.[27] Die Zielfunktion der Zentralbank birgt hierbei immer dann die

---

Geldpolitik hingewiesen. Da das Niveau der Beschäftigung aufgrund von marktverzerrenden Steuern (z.B. Lohnsteuer) und staatlichen Transferleistungen (z.B. Arbeitslosenversicherung) aus gesellschaftlicher Sicht zu niedrig ist, besteht der Anreiz, für den am Wohl der Gesellschaft orientierten Politiker, das Beschäftigungsniveau durch Überraschungsinflation anzuheben (Kastner 1994: 11-12). Einen wichtigen Einfluß auf die Verzerrungen am Arbeitsmarkt nehmen auch die Tarifpartner. Liegen die abgeschlossenen Löhne über dem markträumenden Lohn, kommt es zu einer tatsächlichen Arbeitslosenrate, die über der natürlichen liegt (Bofinger 1996: 143-144).

[25] Hierbei stimmen Zentralbanker und Wirtschaftswissenschaftler in der Beurteilung der hohen Bedeutung, die die Glaubwürdigkeit der Zentralbank für das Erreichen von Geldwertstabilität hat, weitgehend überein, wie Blinder (1999) in einer Umfrage herausfand.

[26] Einen Überblick über institutionelle Lösungsmöglichkeiten des Zeitinkonsistenzproblems geben Cukierman (1992a), Eijffinger/De Haan (1996) und Persson/Tabellini (1997).

[27] Ein zentraler Kritikpunkt an den theoretischen Arbeiten, die auf der Modellstruktur von Barro/Gordon (1983a) beruhen, ist die Annahme, daß die Zentralbank eine niedrigere Arbeits-

Gefahr einer systematisch hohen Inflation, wenn sie Beschäftigungsziele oder Realeinkommensziele berücksichtigt, die in Konflikt mit ihrem Stabilitätsziel stehen können (Issing 1998: 173).

Rogoff (1985) schlägt zur Lösung dieses Problems einen unabhängigen, konservativen Zentralbanker vor, der die Geldwertstabilität höher gewichtet als die Regierung bzw. die Öffentlichkeit. Rogoffs Modellstruktur führt allerdings zu einer suboptimalen Reaktion auf reale Entwicklungen, so daß das Modell einen *Trade-off* zwischen Inflationsbekämpfung und Flexibilität der Reaktion auf reale Schocks impliziert. Lohmann (1992) verbessert die Modellergebnisse durch Einführung eines politisch kostenträchtigen Vetos der Regierung gegen die Geldpolitik der Zentralbank.[28] Die Zentralbank wird im Interesse ihrer eigenen Unabhängigkeit immer dann von ihrem strikten Stabilitätskurs abweichen, wenn die Anwendung eines solchen Vetos droht. Rogoffs Modell stellt im Grunde eine Variante des Modells von Lohmann dar, in dem die Kosten des Regierungsvetos unendlich hoch sind (Eijffinger/De Haan 1996: 9).

Walsh (1995a) und Persson/Tabellini (1993) lösen das Dilemma der zeitlichen Inkonsistenz ausgehend von einem *Principal-Agent*-Ansatz[29] durch eine vertragliche Festlegung der Zentralbank auf ein Ziel (z.B. Inflationsziel) unter Androhung von Strafen im Falle der Zielverfehlung.[30] Problematisch erweisen sich in der praktischen Umsetzung jedoch die Notwendigkeit der Zielfestlegung und die Sanktionierung im Falle der Nichterreichung des Ziels. Ist hierbei die Regierung beteiligt, so bleibt die Zentralbank nur unzureichend vor politischem Einfluß geschützt (Fratianni/von Hagen/Waller 1997: 390-391). Am Ende wird das Problem der zeitlichen Inkonsistenz nur von der Zentralbank auf die Regierung verlagert, die nicht glaubhaft versichern kann, daß sie Zielverfehlungen der Zentralbank auch

---

losenrate als die natürliche anstrebt. Entfällt diese Annahme, so entfällt in dem Modell gleichzeitig der systematische Anreiz zur Überraschungsinflation (Blinder 1998; McCallum 1995; 1997). Sinnvoller erscheint daher die Begründung der Unabhängigkeit der Zentralbank mit unterschiedlichen Zeitpräferenzen der beteiligten Akteure.

28 Dieser Aufwand zur Änderung der Gesetze dürfte für die Regierung größer sein, wenn es sich um ein kompliziertes und/oder öffentliches Verfahren handelt. Weitere Faktoren können z.B. hohe Anforderungen an eine parlamentarische Mehrheit oder auch Mitbeteiligung anderer (föderaler) Institutionen an dem Entscheidungsprozeß sein (Moser 1994).

29 Die *Principal-Agent* Theorie entstammt der Neuen Institutionenökonomik. Sie beschreibt Situationen in denen eine ein Prinzipal Aufgaben in einer vertraglichen Beziehung an einen Agenten delegiert, dessen Handeln wiederum die Wohlfahrt des Prinzipals beeinflußt (Willeke 1993: 43-49). Im Sinne von Walsh und Persson/Tabellini überträgt der Prinzipal Regierung (bzw. Bevölkerung) dem Agenten Zentralbank die Sicherung des Geldwertes und versucht, diesen vertraglich zur Zielerfüllung im Interesse des Prinzipals zu verpflichten (siehe auch: Richter 1996).

30 Alternative Sanktionsmechanismen im Falle der Zielverfehlung können z.B. in der negativen Koppelung des Gehalts an die realisierte Inflationsrate (Walsh 1995a), in der Entlassung des Zentralbankers (Walsh 1995b) oder in einem rein nominal fixierten Gehalt liegen (Neumann 1991).

dann bestrafen wird, wenn sie in ihrem Interesse stattfinden (McCallum 1995; 1997). Issing (1998: 175) bezweifelt generell die Eignung von Vertragsstrafen als Mittel der geldpolitischen Disziplinierung.

Die Unabhängigkeit der Zentralbank läßt sich jedoch auch mit unterschiedlichen Zeithorizonten der handelnden Akteure begründen. Die Unabhängigkeit ist dann notwendig, um „(...) einen Zentralbanker mit längerfristigem Entscheidungshorizont (...) in die Lage zu versetzen, sich gegenüber der Regierung mit einem kurzfristigen Planungszeitraum (...) durchzusetzen." (Bofinger/Reischle/Schächter 1996: 187)

Das institutionelle Arrangement der Unabhängigkeit der Zentralbank mit einer klaren Zielfestlegung auf die Sicherung des Geldwertes bezieht seine Glaubwürdigkeit aus der Tatsache, daß es nur mit hohen politischen Kosten gebrochen werden kann (Issing 1998: 175; Lohmann 1997: 75-76). Für die geschilderten theoretischen Lösungen lassen sich bei freier Interpretation Beispiele aus der Realität finden. Die Bundesbank wird oft als Beispiel für die Lösung von Rogoff (1985) angeführt[31], die Lösung von Lohmann (1992) läßt sich im Sinne von Zentralbanken interpretieren, die zwar über weitgehende geldpolitische Unabhängigkeit verfügen, gleichzeitig aber mit einem gesetzlich möglichen, jedoch mit hohen politischen Kosten verbundenen Veto seitens der Regierung rechnen müssen. Eine solche Interpretation ließe sich auf Länder wie die Niederlande anwenden. Als Beispiel für die Vertragslösung wird die neue Zentralbankverfassung von Neuseeland (1989) angeführt (Walsh 1995b).

2.1.4 ARGUMENTE GEGEN DIE UNABHÄNGIGKEIT DER ZENTRALBANK

Einer unabhängigen Zentralbank ist vielfach ein Mangel an demokratischer Verantwortung vorgeworfen worden (Briault/Haldane/King 1996). Zwar agiert die Zentralbank ohne direktes demokratisches Mandat, es sollte einer frei gewählten Regierung jedoch möglich sein, Entscheidungsrechte der Geldpolitik, ähnlich dem Fall der Justiz, an Dritte zu delegieren. In demokratisch verfaßten Staaten kommen die Gesetze über die Unabhängigkeit der Zentralbank auf demokratischem Wege zustande und können auf diesem Wege, bei Vorhandensein entsprechender Mehrheiten, wieder geändert werden. So untersteht eben auch eine unabhängige Zentralbank letztlich eindeutig der demokratischen Kontrolle.

Eine stärkere direkte Kontrolle der Geldpolitik durch die Exekutive oder Legislative ist abzulehnen, da sie den politischen Einfluß stärken würde, vor dem die Zentral-

---

[31] Hierbei wird von einer wörtlichen Interpretation des konservativen Zentralbankers von Rogoff (1985) abgesehen. Vielmehr wird die „Konservativität" der Institution durch die eindeutige Festlegung der Zentralbank auf die Geldwertstabilität erreicht. Die Unabhängigkeit ist notwendig, um die Geldpolitik der Zentralbank vor Eingriffen der Regierung zu schützen.

bank geschützt werden soll.[32] Auch ist die Zentralbank im Sinne der Theorie in ihrem Handeln keineswegs unabhängig, sondern an ihren Auftrag zur Sicherung der Währung gebunden. Die demokratische Verantwortung der Bank ist um so stärker, je klarer der Auftrag formuliert ist und kann so auch als Argument für die Unabhängigkeit gesehen werden (Bini Smaghi 1998). Letztlich muß sich die Zentralbank jederzeit vor der Öffentlichkeit und der Politik verantworten und wird im Interesse ihrer eigenen Unabhängigkeit nicht lange gegen deren Überzeugungen handeln können.[33]

Als weiterer Einwand gegen die Unabhängigkeit der Zentralbank wird die Notwendigkeit der Koordination von Geld- und Fiskalpolitik erwähnt, um ein Höchstmaß an Wirksamkeit der Wirtschaftspolitik der Regierung zu ermöglichen. Im Grunde steht bei dem Argument die Frage im Zentrum, welche der beiden Politiken dominieren soll. Bei einer expansiven Fiskalpolitik und einer auf Geldwertstabilität ausgerichteten Geldpolitik kann es zu hohen Zinsen und geringerem Wachstum und somit zu suboptimalen Ergebnissen kommen (Goodhart 1995b: 81); eine die Fiskalpolitik unterstützende Geldpolitik würde in einer solchen Situation jedoch zu höheren Inflationsraten führen und wäre (meistens) abzulehnen. Gerade die Unabhängigkeit der Zentralbank könnte einen disziplinierenden Einfluß auf die Fiskalpolitik ausüben und wäre somit wünschenswert (Burdekin/Laney 1988; Burdekin/Wohar 1990; Sargent/Wallace 1981).

2.1.5 ZUSAMMENFASSUNG DER THEORETISCHEN DISKUSSION

Die theoretische Diskussion betont eine inflationäre Neigung der Politiker. Zur Lösung dieses unterschiedlich begründeten Problems der Politik, eine nicht-inflationäre Geldpolitik glaubhaft versichern zu können, sind verschiedene Lösungsvorschläge gemacht worden. Gegenüber der theoretischen Lösung durch eine Regelbindung besitzt die Unabhängigkeit der Zentralbank jedoch den Vorteil, daß sie sich eine flexible Reaktionsmöglichkeit auf reale Schocks bewahrt. Daher stellt sie eine zentrale und auch in der Praxis denkbare Lösung dar. Die Unabhängigkeit allein ist

---

[32] Siehe hierzu auch Tietmeyer (1996a: 61): „Wenn dagegen strukturelle Merkmale des politischen Prozesses zu einer übermäßigen Inflationsneigung führen, bzw. generell gesprochen allgemeine Interessen zugunsten von Partikularinteressen und Zukunftsinteressen zugunsten von Gegenwartsinteressen im politischen Prozeß allzuleicht hintangestellt werden, dann sind institutionelle Vorkehrungen geboten, die dem Gemeinwohl zur Durchsetzung verhelfen. Im Lichte einer realistischen Demokratietheorie ist die Unabhängigkeit der Notenbank deshalb kein Fremdkörper in einer freiheitlichen Verfassung, sondern ein unverzichtbarer Gegenpol zu sonst drohenden Fehlentwicklungen."

[33] Bürokratietheoretische Ansätze weisen darauf hin, daß die Geldpolitiker als Nutzenmaximierer v.a. an der Erhöhung ihres Prestiges und der Wahrung ihrer Macht interessiert sind. Dies impliziert deren Bestreben, den Unabhängigkeitsstatus der Zentralbank beizubehalten und dauerhafte Konflikte mit der Politik zu vermeiden (Acheson/Chant 1973; Filc 1994; Toma/Toma 1986).

jedoch nach der Theorie noch keine Garantie für eine gesellschaftlich wünschenswerte Sicherung des Geldwertes. Hierzu muß sie von einer Zielfestlegung (Rogoff 1985; Lohmann 1992) und/oder von Anreizstrukturen (Persson/Tabellini 1993; Walsh 1995a; 1995b; Willeke 1993) im Sinne der Sicherung des Geldwertes begleitet werden.

2.2 KONSTITUIERENDE FAKTOREN DER UNABHÄNGIGKEIT DER ZENTRALBANK

Der Unabhängigkeitsbegriff ist in der wissenschaftlichen Diskussion über die Geldpolitik für viele Zwecke herangezogen worden.[34] Dies ist im Kontext dieser Arbeit wichtig, da viele der Autoren, die Konzepte zur Messung der Unabhängigkeit von Zentralbanken erstellen oder anwenden, den Begriff der Unabhängigkeit nicht genau definieren.[35] Dies führt zu einer unterschiedlichen Berücksichtigung und Gewichtung der verschiedenen Kriterien bei der Messung der Unabhängigkeit und stellt somit einen Kritikpunkt an den Studien dar. Daher soll hier der Begriff Unabhängigkeit genauer untersucht werden.

Entsprechend den theoretischen Überlegungen wird in dieser Arbeit die Unabhängigkeit der Zentralbank als die Unabhängigkeit von politischem Einfluß zum Zwecke der Sicherung des Geldwertes definiert. Hierbei ist die Unterscheidung zwischen der gesetzlichen (formalen) und der tatsächlichen Unabhängigkeit der Zentralbank wichtig. Zwar setzt die Theorie die tatsächliche Unabhängigkeit der Zentralbank voraus, viele der Studien konzentrieren sich jedoch aufgrund der Schwierigkeiten, die tatsächliche Unabhängigkeit in einem kardinalen Index zu messen, auf die gesetzlichen Kriterien als einen Annäherungswert für die tatsächliche Unabhängigkeit der Zentralbank.

2.2.1 DIE FORMALE UNABHÄNGIGKEIT DER ZENTRALBANK

Die gesetzliche Unabhängigkeit sichert die Zentralbank formal gegen äußere Einflüsse ab, und liefert so einen wichtigen konstituierenden Faktor ihrer tatsächlichen Unabhängigkeit, da sie den Handlungsspielraum der Zentralbank im Rahmen

---

[34] So der Unabhängigkeitsbegriff „(...) zur Kennzeichnung der Beziehungen der Notenbank zum Staat und insbesondere zur Regierung ebenso herangezogen worden wie zur Frage regelgebundenen Verhaltens wie schließlich zur Charakterisierung der Wirkungsgrenzen der Geldpolitik" (Caesar 1981: 56).

[35] Viele der Studien seien „quite sloppy" bei der Definition der Unabhängigkeit der Zentralbank, kritisiert De Haan (1997a: 397). Einen Überblick über die verschiedenen Definitionen der Unabhängigkeit geben: Bofinger/Reischle/Schächter (1996: 181-202). Siehe auch Banaian/Burdekin/Willett (1995), Fernández de Lis (1996) und Issing (1992).

der rechtlichen Möglichkeiten absichern kann. [36] Sie ist jedoch keinesfalls Garant für eine erfolgreiche Politik der Geldwertstabilität. Wichtig ist hierbei die Beachtung der Interdependenz, die zwischen vielen Kriterien herrscht. So hat zum Beispiel die Absicherung der persönlichen Unabhängigkeit keine große Bedeutung, wenn die Zentralbank weisungsabhängig ist.

2.2.1.1 Aufgaben und Ziele der Geldpolitik

Eine klare Aufgabenstellung für die Zentralbank ergibt sich nicht nur aus den theoretischen Überlegungen, sondern ist in einem demokratischen Staat unabdingbar, da sie eine „necessary condition to delegate power" darstellt (Bini Smaghi 1998: 122). Unklare Ziele würden die Zentralbank möglicherweise zwingen, politisch selektierende Entscheidungen zu treffen, für die sie keine Legitimität besitzt (Issing 1981: 339). Die klare hilft Zielsetzung der Zentralbank auch, sich gegen Druck zu wehren, der ihren Zielsetzungen widerspricht. Entsprechend den vorherigen Ausführungen sollte das Ziel der Geldpolitik in der Sicherung des Geldwertes liegen.

Die Frage, ob eine Bankenaufsicht der Notenbank im Konflikt mit dem Geldwertstabilitätsmandat stehen, ist in der Literatur kontrovers diskutiert worden. [37] Eijffinger/De Haan (1996: 57-58) betonen, daß die Zentralbank auch bei einer von ihr institutionell getrennten Bankenaufsicht unter Druck geraten wird, durch eine Geldmengenexpansion zur Stabilisierung in Not geratener Banken beizutragen.

Ein weiterer wichtiger Aspekt ist die Konsistenz der Wechselkurs- und der Geldpolitik. Wird die Zentralbank zur Einhaltung einer Wechselkursparität verpflichtet, verliert sie einen großen Teil ihrer autonomen Handlungsfähigkeit. Da Entscheidungen über internationale Festkurssysteme außenpolitischen Charakter haben, ist eine Ansiedlung der generellen Entscheidungsgewalt über die Teilnahme an einem solchen System bei der Zentralbank unwahrscheinlich. Bei der Teilnahme an einem Festkurssystem wird die Geldmenge zu einer endogenen Größe. Lediglich das Leitwährungsland verfügt über die Möglichkeit, eine autonome Geldpolitik durchzuführen (Bofinger/Reischle/Schächter 1996: 601-613). Die Teilnahme an einem

---

[36] Generell zu den gesetzlichen Kriterien, siehe Beaufort Wijnholds/Hoogduin (1994), Caesar (1994), Cukierman (1992a), Grilli/Masciandaro/Tabellini (1991), Hasse (1989), Issing (1981), Lastra (1992), Neumann (1997), Romer/Romer (1996), Smits (1997), Swinburne/Castello Branco (1991), Weber (1995).

[37] Das Hauptargument gegen eine Aufsichtspflicht ist die Möglichkeit, daß die Zentralbank zur Stabilisierung von Banken die Geldmenge auf Kosten der Geldwertstabilität ausdehnen könnte. Für die Aufsicht spricht v.a. die starke Eingebundenheit der Bank in das System. Goodhart/Schoenmaker (1993: 359) kommen daher zu dem Ergebnis, daß „even though a formal separation of function may now become more common among countries than in the past, there remains a question wether that change would make much difference to the practical realities." Siehe auch Beaufort Wijnholds/Hoogduin (1994), De Haan/Sturm (1992) und Eijffinger/De Haan (1996).

solchen System kann daher den Handlungsspielraum einer Zentralbank stark einschränken.[38] Hieraus können Probleme für die heimische Geldwertstabilität entstehen.[39] Um die interne Geldwertstabilität zu sichern, bietet es sich an, der Zentralbank die Kompetenz der Festlegung bzw. Änderung der Paritäten zu übertragen, oder „(...) to give the central bank the right to suspend interventions in support of other currencies any time the bank comes to the conclusion that the internal value of the currency will be endangered otherwise." (Neumann 1997: 24)

2.2.1.2   Die institutionelle Unabhängigkeit der Zentralbank

Die folgenden Ausführungen konzentrieren sich auf die Regierung, beziehen sich aber sinngemäß auch auf andere mögliche Entscheidungs- und Einflußträger, wie das Parlament.[40] Die institutionelle Unabhängigkeit der Zentralbank von der Regierung muß gewährleistet bleiben. Die Regierung sollte also weder über Mitspracherechte noch über Vetorechte[41] in der Geldpolitik verfügen. Dies schließt auch eine stimmberechtigte Beteiligung eines Regierungsvertreters aus.[42] Die Regierung sollte außerdem nicht über die Möglichkeit verfügen, der Zentralbank Direktiven oder Instruktionen zu erteilen. Allerdings muß bezüglich der Direktiven eine Unterscheidung zwischen komplexen und politisch kostenträchtigen Verfahren,[43] die der Zentralbank einen großen Freiraum gewähren können, und relativ

---

[38]   Siehe z.B. Holtferich (1988), der im Falle Deutschlands auf die sich aus der Teilnahme am Bretton-Woods-System (BWS) ergebenden Einschränkungen der Unabhängigkeit der Bundesbank hinweist, die v.a. in der Frage der Paritätensetzung verschiedentlich zu Konflikten zwischen der Regierung und der Bundesbank geführt haben.

[39]   Inflationäre Tendenzen im System würden über die Interventionsverpflichtungen und die Anpassungen der relativen Preise automatisch zu einer Veränderung des heimischen Preisniveaus führen (importierte Inflation) (Bofinger/Reischle/Schächter 1996; Jarchow 1995). Andererseits kann es bei einer strikten Einhaltung der festen Wechselkurse gegenüber einer geldwertstabilen Währung auch zu einem Stabilitätsimport kommen. Diese Möglichkeit nutzen u.a. Entwicklungs- und Schwellenländer zur Stabilisierung ihrer Währung (siehe z.B. Dornbusch 1994: 294).

[40]   Die alleinige Konzentration auf die Exekutive in den meisten Indizes ist kritisierbar. So hat zum Beispiel der Fall Rußlands für Verwirrung gesorgt. Rußlands Zentralbank ist nach den meisten Indizes als unabhängige Zentralbank einzustufen. Durch die Unabhängigkeit von der Exekutive konnte sich die russische Zentralbank gegen den Druck der an mehr Geldwertstabilität interessierten Regierung wehren – die Inflationsrate betrug teilweise mehr als 1.000% jährlich – und die inflationären Interessen des Parlamentes, dem die Bank verantwortlich war, bedienen (Banaian/Burdekin/Willett 1995: 180).

[41]   Auch ein suspensives Veto sollte ausgeschlossen sein. Allerdings stellt das suspensive Veto keine grundlegende Einschränkung der Unabhängigkeit der Zentralbank dar.

[42]   Eine (stimmlose) Teilnahme von Regierungsmitgliedern bei Zentralbanksitzungen ist jedoch mit der Zentralbankunabhängigkeit vereinbar und aufgrund des Koordinierungsbedarfes zwischen Geldpolitik und Fiskalpolitik und generell der Wirtschaftspolitik der Regierung wünschenswert.

[43]   Diese politischen Kosten könnten etwa darin begründet sein, daß die Regierung durch die Öffentlichkeit der Direktive eindeutig für die gegen den Willen der Zentralbank durchgeführten geldpolitischen Maßnahmen verantwortlich gemacht wird. Auch ein kompliziertes Verfahren spricht für hohe politische Kosten der Anwendung.

einfachen Verfahren, die die Zentralbank stärker einschränken, getroffen werden (Banaian/Burdekin/Willett 1995: 184).[44]

2.2.1.3 Die personelle Unabhängigkeit der Zentralbank

Ohne die Absicherung der persönlichen Unabhängigkeit der Zentralbankleitung vom politischen System ist eine effektive Unabhängigkeit der Zentralbank nicht möglich. Hierbei steht v.a. die Absicherung der über die Geldpolitik entscheidenden Gremien im Zentrum. Dies ist in den meisten Ländern die Zentralbankleitung. Bei der Nominierung der Mitglieder der Zentralbankleitung spielt die Frage, ob sich die Zentralbank vollständig im Staatsbesitz befindet, oder nicht, eine wichtige Rolle. Ist dies, wie bei den meisten Zentralbanken, der Fall, werden die Mitglieder meist komplett durch die Regierung ernannt. Ein genereller Verzicht der Regierung auf den Einfluß bei der Besetzung der Leitung der Zentralbank ist unwahrscheinlich. Befindet sich die Bank nicht im Staatsbesitz, hat meist die Hauptversammlung der Aktionäre einen großen Einfluß auf die Ernennung.[45] Letztlich bleibt es fraglich ob eine Abhängigkeit von privaten Anteilseignern der Abhängigkeit von staatlichen Instanzen vorzuziehen ist, da auch die privaten Anteilseigner ein Interesse an Inflation haben können (Weber 1995: 1538-45). Wünschenswert ist auf jeden Fall eine Diversifizierung der Nominierungsinstanzen, wie häufig in föderal organisierten Staaten, um eine einseitige Abhängigkeit der Zentralbankleitung zu vermeiden und so auch bei jahrelang stabilen politischen Verhältnissen zu verhindern, daß die Zentralbankleitung nur mit Gefolgsleuten der Zentralregierung besetzt wird.[46]

Längere Amtszeiten der Zentralbankleitung sorgen – vorausgesetzt, eine Entlassung aus politischen Gründen ist ausgeschlossen – für einen langen Zeithorizont der Zentralbanker und sichern deren Unabhängigkeit. Die Amtszeiten der Mitglieder der Zentralbankleitung sollten daher mindestens länger sein als eine Legislaturperiode, um zu verhindern, daß die Regierung zu starken Einfluß auf deren Zusammensetzung nehmen kann.[47] Durch eine zeitliche Überlappung der Amtszeiten wird zusätzlich ein zu schneller Austausch der Zentralbankleitung durch die

---

[44] Von einigen Wissenschaftlern wird zur weiteren Absicherung der Unabhängigkeit der Verfassungsrang für die Zentralbankverfassung gefordert (Neumann 1997).

[45] Dies ist in Italien der Fall, wo die Hauptversammlung der Aktionäre alle Mitglieder ernennt. In Belgien, Griechenland und Portugal ernennt sie die Mehrheit der Mitglieder, in der Schweiz und Österreich eine Minderheit. Siehe Weber (1995) und Europäisches Währungsinstitut (1998).

[46] Vaubel (1993: S. 54) verdeutlicht dies für den Fall Deutschlands in einer Tabelle, die Auskunft über die Zusammensetzung des Zentralbankrats der deutschen Bundesbank 1950-1990 gibt, und zeigt, daß die parteipolitische Struktur des Zentralbankrates über die gesamte beobachtete Zeit relativ ausgeglichen war, weil die jeweilige Oppositionspartei im Vergleich zu der(n) Regierungspartei(en) in den Länderparlamenten immer relativ stark vertreten war.

[47] Neumann (1997: 25) schlägt eine an das Alter des Zentralbankers angepaßte Amtszeit vor, so daß dieser erst mit dem Ruhestand ausscheidet. So würde verhindert, daß sich der Zentralbanker

Politik verhindert. Eine Wiederernennung der Zentralbanker muß nicht ausgeschlossen werden, da sie nicht notwendigerweise die Unabhängigkeit der Zentralbank einschränkt (Issing 1992: 4).[48] Weitere Aspekte der persönlichen Unabhängigkeit sind erwiesene fachliche Kompetenz der Amtsinhaber (verhindert rein politische Nominierungen) und die Inkompabilität der Zentralbanktätigkeit mit anderen Tätigkeiten in Wirtschaft oder Politik.

2.2.1.4   Die instrumentelle Unabhängigkeit der Zentralbank

Wesentlich für die instrumentelle Unabhängigkeit der Zentralbank ist, daß sie über die für die Wahrnehmung ihrer Aufgabe(n) wichtigen Instrumente verfügt und diese frei einsetzen kann, ohne auf die Zustimmung der Regierung oder Dritter angewiesen zu sein. Allgemein wird ein Verbot der Kreditvergabe an den Staat als eine Stütze für die Unabhängigkeit der Zentralbank angesehen, da es die Zentralbank gegen sonst mögliche politischen Druck zur Finanzierung staatlicher Ausgaben schützt.[49] Das Verbot der Kreditfinanzierung öffentlicher Haushalte sollte idealerweise nicht nur auf Direktkredite beschränkt werden, sondern sich auch auf das Offenmarktgeschäft beziehen, da die Zentralbank sonst weiterhin unter dem Druck stehen könnte, Teile der öffentlichen Schuld mitzufinanzieren (Neumann 1996). Weiterhin muß die Zentralbank frei über die Höhe des Zinses, ihrem wichtigsten geldpolitischen Steuermittel, entscheiden können.

2.2.1.5   Die finanzielle Unabhängigkeit der Zentralbank

Die Bank sollte über ausreichende Finanzen für die Durchführung ihrer Aufgabe(n) verfügen und ihre Ausgaben selber tätigen können. Die Verteilung des Notenbankgewinns sollte weiterhin gesetzlich geregelt sein.

2.2.2 WEITERE EINFLUßFAKTOREN AUF DIE UNABHÄNGIGKEIT DER ZENTRALBANK

Die gesetzliche Unabhängigkeit stellt nur einen, wenn auch sehr wichtigen konstituierenden Faktor der tatsächlichen Unabhängigkeit der Zentralbank dar. Der Handlungsspielraum der Bank wird immer dann von anderen Akteuren begrenzt,

---

im Interesse einer späteren Anstellung als gefällig gegenüber der Politik oder anderen Gruppen erweist.

[48] Gegen die Wiederernennung spricht die Möglichkeit, daß sich die Amtsinhaber der wiederernennenden Instanz gegenüber wohlwollend verhalten. Schließt man sie aus, kann es jedoch aufgrund von zukunftssichernden Überlegungen des Amtsinhabers hinsichtlich einer Anschlußkarriere in der Politik oder im privaten Bereich ebenfalls zu wohlwollendem Verhalten kommen. V.a. bei langen Amtszeiten dürfte die Wiederernennung die Unabhängigkeit der Mitglieder nicht stark einschränken.

[49] Zum Verbot der Kreditvergabe an den Staat siehe auch: Cottarelli (1993) und Leone (1991).

wenn diese im polit-ökonomischen System entweder auf den Kurs und die Durchsetzbarkeit der Geldpolitik oder aber auf das Nutzenniveau der Zentralbank Einfluß nehmen können (Willeke 1993: 82). Das Verhalten dieser Akteure (v.a. der Regierung, der Öffentlichkeit und der Tarifpartner) hat einen starken Einfluß darauf, ob die Notenbank die von ihr gewünschte Politik auch durchführen kann.

2.2.2.1 Das Verhältnis der Zentralbank zur Regierung

„Die häufigste Form politisch bedingter Beschränkungen notenbankpolitischer Handlungsfreiheit ist die Ausübung äußeren Drucks auf die Notenbank mit nichtjuristischen Mitteln." (Caesar 1981: 137). V.a. die Androhung de jure möglicher Sanktionsmittel dürfte einen starken Einfluß auf das Verhalten der Notenbank ausüben, die stark an der Erhaltung ihres Machtstatus' interessiert ist. Da diese Drohungen, wie auch Androhungen der Nutzung von Veto- bzw. Weisungsrechten, selten öffentlich stattfinden, sind sie kaum quantitativ und qualitativ zu belegen. Die Annahme eines solchen Einflusses erscheint jedoch plausibel.[50] Auskunft über mögliche Beeinflussung der Zentralbank durch die Politik können geben: (i) Das Ausmaß, in dem gesetzliche Mittel der Beeinflussung genutzt werden, (ii) der Verlauf von Konflikten zwischen der Regierung und der Notenbank, (iii) das tatsächliche Ausmaß der Staatsfinanzierung durch die Bank und (iv) der Grad in dem die Zinspolitik der Regierung entgegenzukommen scheint (Caesar 1981: 137-146).

Auch die allgemeine Konsistenz der Wirtschaftspolitik spielt für die Glaubwürdigkeit der Notenbank und deren Handlungsspielraum eine wichtige Rolle. Dies gilt v.a. für die Fiskalpolitik (Blackburn/Christensen 1989: 28). Die Stabilisierungsaufgabe der Zentralbank kann durch eine expansive Fiskalpolitik auch bei einem Verbot der Kreditvergabe an den Staat stark beeinträchtigt werden.[51] Eine glaubwürdige Geldwertstabilitätspolitik dürfte daher nur bei einer ebenfalls stabilitätskonformen Fiskalpolitik möglich sein (Burdekin/Wohar 1990; Burdekin/Laney 1988).

2.2.2.2 Die Rolle der Tarifparteien

Die Wirkungen der Geldpolitik hängen von den Erwartungen der verschiedenen von der Geldpolitik betroffenen Akteure und der Flexibilität der Preise und Löhne

---

[50] Insbesondere im Fall der *Federal Reserve Bank* in den USA gibt es zahlreiche Studien, die einen politischen Einfluß auf die an sich recht unabhängige Zentralbank nachweisen können. Siehe u.a. Havrilesky (1992) und Mayer (Mayer 1990). Auch im Falle Deutschlands gibt es einige Beispiele des Versuchs politischer Beeinflussung der Zentralbank (Holtferich 1988).

[51] Duwendag et al. (1993: 410): „Bei einem finanzpolitisch ausgelösten Zinsanstieg entsteht aber v.a. schnell politischer Druck auf die Zentralbank, durch eine expansivere Geldpolitik für niedrige Zinsen zu sorgen, um so die öffentlichen Haushalte zu entlasten und eine ‚Verdrängung' der privaten Investitionen zu vermeiden. Dies kann aber rasch zu einer höheren Inflation führen (...).“ Siehe auch Leone (1991) und Sargent/Wallace (1981).

ab. Da die Löhne in der Realität nicht vollkommen flexibel sind, besitzen die Tarifparteien eine wichtige Rolle für die Durchsetzungsfähigkeit der Geldpolitik. Zu hohe Löhne werden von den Unternehmen durch Preiserhöhungen kompensiert, und führen so zu inflatorischem Druck (Kostendruckinflation). Selbst bei konstanter Geldmenge kann es dann über die Flexibilität der Umlaufgeschwindigkeit des Geldes zu einem kurzfristigen Anstieg der Inflationsrate kommen. Eine steigende Arbeitslosenrate durch zu hohe Lohnabschlüsse würde gleichzeitig den Druck der Politik auf die Zentralbank erhöhen, durch eine Ausweitung der Geldmenge für eine kurzfristige Entspannung am Arbeitsmarkt zu sorgen. Für eine erfolgreiche Stabilitätspolitik der Notenbank ist daher ein stabilitätskonformes Verhalten der Tarifparteien hilfreich. Hierbei könnte die Unabhängigkeit der Zentralbank und eine von ihr glaubhaft betriebene Geldwertstabilitätspolitik als „fokaler Punkt" (Loef 1998: 324-325; Richter 1994: 81-82) in den Lohnverhandlungen dienen (siehe auch: Bofinger/Hefeker/Pfleger 1998: 80-95 und Kapitel 4.2).

2.2.2.3   Die Rolle der Öffentlichen Meinung

Die Öffentlichkeit umfaßt alle Wirtschaftssubjekte des Währungsgebiets, die von dem Gut Geldwertstabilität betroffen sind. Sie ist als eigentlicher Prinzipal sowohl der Regierung als auch der Notenbank anzusehen,[52] und somit ein wichtiger Entscheidungsträger in der Wirtschaftspolitik (Willeke 1993: 82-85). Da sie jedoch nicht direkt über die Geldpolitik abstimmen kann, besitzt sie eher indirekten Einfluß. Als potentielle Nachfrager des Gutes Geldwertstabilität und als Anbieter von Wählerstimmen kann sie zu einem wichtigen unterstützenden Faktor der auf Geldwertstabilität ausgerichteten Politik der Zentralbank werden. Andererseits kann sie jedoch der Zentralbank und einer auf Geldwertstabilität ausgerichteten Politik auch gleichgültig gegenüberstehen und so keine Stütze für die Bank darstellen.[53] In jedem Fall wird die Zentralbank auf Dauer keine dem Interesse der Öffentlichkeit entgegengesetzte Politik betreiben können (Bofinger/Hefeker/Pfleger 1998: 59-79; Caesar 1994: 37).

---

[52] Verschiedene Studien weisen auf einen Zusammenhang zwischen historischer Inflationserfahrung und der Delegierung der Geldpolitik an eine unabhängige Zentralbank hin (De Haan/Van T. Hag 1995; Hayo 1998).

[53] Cukierman (1992a: 449-451) findet Anzeichen dafür, daß eine lang anhaltende Inflation zu einer Gewöhnung an die Inflation und so zu einem Erodieren der Unabhängigkeit der Zentralbank führt. In diesem Sinne ist auch die Indexierung von Verträgen abzulehnen, da sie den Prozeß der Inflation weiter „normalisiert".

3 KONZEPTE ZUR MESSUNG DER UNABHÄNGIGKEIT VON ZENTRALBANKEN

Eine systematische, empirisch-vergleichende Untersuchung des theoretisch vermuteten negativen Zusammenhangs von Zentralbankunabhängigkeit und Inflation wurde möglich, nachdem in der zweite Hälfte der 1980er und in den 1990er Jahre Konzepte zur Messung der Unabhängigkeit von Zentralbanken gebildet wurden. Die Konzepte verstehen die Unabhängigkeit der Zentralbank vor dem Hintergrund der geschilderten Theorie als Lösung des Problems der Regierung, eine nicht-inflationäre Geldpolitik glaubhaft zu verkünden. Daher wird eine Zentralbank, die vorrangig oder ausschließlich dem Ziel der Geldwertstabilität verpflichtet ist, als unabhängiger angesehen als eine, bei der eine solche Verpflichtung nicht oder nur gleichgestellt mit konkurrierenden anderen Zielen besteht.

Nun ist aber die Unabhängigkeit der Zentralbank sehr schwer zu messen: „The basic objective difficulty in characterizing and measuring central bank independence is that it is determined by a multitude of legal, institutional, cultural and personal factors which are not easily quantifiable" (Cukierman 1992b: 320). Ausführliche Länderstudien ermöglichen zwar eine qualitativ begründete Beurteilung der Unabhängigkeit einer Notenbank, sie sind allerdings sehr aufwendig und das notwendige Einfließen von subjektiven Bewertungen erschwert einen möglichst objektiven Vergleich einer Vielzahl von Zentralbanken. Die Schwierigkeiten einer Einschätzung der tatsächlichen Unabhängigkeit der Zentralbank, der Wunsch, viele Länder anhand weniger, identischer Kriterien einordnen zu können und die Überzeugung, daß Institutionen Auswirkungen auf die wirtschaftliche Entwicklung besitzen, hat zu den Konzepten der Messung der gesetzlichen Unabhängigkeit von Zentralbanken geführt. Da die rechtliche Unabhängigkeit der Zentralbank jedoch zum Teil stark von ihrer tatsächlichen Unabhängigkeit abweichen kann, sind neben den rechtsbasierten Indizes auch stärker verhaltensbasierte Indizes entwickelt worden, die versuchen, Auskunft über die tatsächliche Unabhängigkeit der Zentralbanken zu geben.

Bei der Vorstellung der rechts- und verhaltensbasierten Konzepte zur Messung der Unabhängigkeit von Zentralbanken soll auch die Kritik, die sich direkt auf das jeweilige Konzept bezieht, mitberücksichtigt werden. Ein ausführlicher Vergleich und eine Kritik der Konzepte erfolgt in den Kapiteln 3.3 und 3.4.

3.1 KONZEPTE ZUR MESSUNG DER GESETZLICHEN UNAB-HÄNGIGKEIT

Die Bedeutung der gesetzlichen Unabhängigkeit für die tatsächliche Unabhängigkeit ist schwer einzuschätzen. Als besonders schwierig zu interpretieren erweisen sich die vielen Freiräume, die sich notwendigerweise bei dem Versuch ergeben, ein so komplexes Thema wie die Geldpolitik gesetzlich zu reglementieren. Auch die Frage, inwieweit bestehende Gesetze in der Realität umgesetzt werden, ist kaum eindeutig zu beantworten. Es gibt sowohl Beispiele für gesetzlich unabhängige Zentralbanken, die in der Abhängigkeit der Politik stehen, als auch Beispiele für abhängige Banken, die eine unabhängige Politik betreiben.[54] Die gesetzliche Unabhängigkeit stellt aber in jedem Fall einen wichtigen Schritt beim Aufbau eines institutionellen Klimas dar, in dem die Bank eine unabhängige Geldpolitik betreiben kann (Cukierman 1996: 7; Swinburne/Castello-Branco 1991: 443-444).

Da die theoretischen Modelle von der tatsächlichen Unabhängigkeit der Zentralbank ausgehen, kann eine Messung der rechtlichen Unabhängigkeit nur dann Aussagekraft über die tatsächliche Stellung der Notenbank innerhalb eines Landes besitzen, wenn man davon ausgehen kann, daß sie von allen Seiten respektiert wird. Hierzu gehört ein entsprechendes Rechtsverständnis, aber auch Faktoren wie ausreichende politische und gesellschaftliche Stabilität und die öffentliche Akzeptanz des Zieles der Geldwertstabilität. Die gesetzliche Selbstbindung der Regierung bezüglich der Geldpolitik wird nur dann ein effizientes Mittel darstellen, wenn hohe Änderungskosten bestehen und die Öffentlichkeit die Veränderung der Gesetze und deren faktische Einhaltung genau beobachtet (Berger 1997: 28). Aus diesen Gründen ist davon auszugehen, daß die rechtliche Unabhängigkeit v.a. in funktionierenden demokratischen Systemen mit einem gewissen sozialen Konsens einen Annäherungswert für die tatsächliche Unabhängigkeit bildet.

Viele der Konzepte zur Messung der Unabhängigkeit von Zentralbanken sind mit dem Ziel entstanden, die unterschiedlichen Inflationsentwicklungen in den OECD-Ländern zu erklären, und beschränken sich daher auf die Industrieländer. Erst in späteren Studien wurden auch Entwicklungs- und Transformationsländer berücksichtigt. Die gesetzliche Unabhängigkeit der Zentralbank hat den Vorteil, daß

---

[54] Formal unabhängige Zentralbanken, die stark unter politischem Einfluß stehen, sind v.a. in Entwicklungs- und Transformationsländern zu finden (siehe auch Kapitel 3.2). Aber auch in den Industrieländern gibt es eine umfangreiche Literatur, die versucht, eine mehr oder weniger subtile Beeinflussung der Zentralbank durch die Politik nachzuweisen (siehe auch Kapitel 2.1.1). Dies trifft in besonderem Maße auf die *Federal Reserve Bank* der USA zu (siehe z.B. Havrilesky 1992; Mayer 1990; Sylla 1988). Als ein bekanntes Beispiel einer formal abhängigen Zentralbank, die sich einen großen Freiraum in der Geldpolitik geschaffen hat, sei hier das Beispiel Japans angeführt (siehe z.B. Cargill, 1989: besonders 33-41, und Kapitel 4.2).

sie, da sie sich selten ändert, als exogene Variable angesehen werden kann und so Aussagekraft über die Unterschiede in der Inflationsentwicklung zwischen den Ländern besitzt (Cukierman 1996). Aufgrund ihrer geringen Veränderung über die Zeit kann sie jedoch keine Entwicklungen innerhalb eines Landes erklären, es sei denn, der Zeitraum ist lang genug.[55]

Die hier vorgestellten Konzepte zur Messung der gesetzlichen Unabhängigkeit von Zentralbanken gehen nach einem ähnlichen Schema vor: Zunächst wird ein Katalog von Kriterien entwickelt, der die Aspekte abdeckt, die der jeweilige Autor für die gesetzliche Unabhängigkeit der Zentralbank für wichtig erachtet. Die Anzahl der erfüllten Kriterien wird sodann zu einem Index zusammengezogen, wobei höhere Werte eine größere Unabhängigkeit der Zentralbank bedeuten. Die meisten Indizes ordnen die Zentralbanken nicht ordinal nach ihrem Rang, sondern kardinal nach den absoluten Werten, die sich aus dem Grad der Erfüllung der aufgestellten Kriterien ergeben. Diese kardinalen Werte dienen dann in Regressionsanalysen als erklärende Variable für verschiedene unabhängige Variablen, v.a. der Inflation.[56]

3.1.1 BADE/PARKIN (1985)

Der wohl bekannteste Versuch, die Unabhängigkeit von Zentralbanken zu messen ist der von Bade/Parkin (1985). Ihr Ansatz zur Messung der Unabhängigkeit von Zentralbanken und die in der Studie angedeutete Verbindung zwischen der Unabhängigkeit und der Inflationsrate hat zu verschiedenen weiteren Indizes und zu einer Fülle von Arbeiten über deren Zusammenhang mit der wirtschaftlichen Entwicklung geführt.[57] Viele der Studien von Bade und Parkin sind unveröffentlicht geblieben (1980, 1982, 1985, 1988), die wesentlichen Inhalte der Studien, die sich laut Forder (1998b: 54) wenig voneinander unterscheiden, werden jedoch von Parkin (1987) zusammengefaßt.

Bade/Parkin (1985) untersuchen 12 Industrieländer hinsichtlich ihrer finanziellen und politischen Unabhängigkeit. Die finanzielle Unabhängigkeit ergibt sich aus folgenden Kategorien: „(...) budgetary approval, determination of board members'

---

[55] Capie/Mills/Wood (1994) untersuchen die Zentralbankunabhängigkeit von 14 Zentralbanken über einen Zeitraum von zum Teil mehr als einem Jahrhundert.

[56] Bei der Vorstellung der Konzepte werden nur die Einschätzungen der Unabhängigkeit von Zentralbanken von den Autoren berücksichtigt, die die jeweiligen Konzepte erstellt haben. Ergänzungen oder Veränderungen durch andere Autoren werden nicht berücksichtigt. Dies bedeutet, daß auf neuere Veränderungen von Zentralbankverfassungen, wie sie sich unter anderem durch die Teilnahme an der Europäischen Währungsunion für viele europäische Staaten ergeben, nicht eingegangen wird.

[57] Übernommen und weiterverarbeitet wurde ihr Ansatz zur Messung der Unabhängigkeit u.a. von Alesina (1988; 1989), Alesina/Summers (1993), Eijffinger/De Haan (1993), Eijffinger/Van Keulen (1995), Emerson et al. (1992) und Epstein/Schor (1986).

salaries, and allocation of residual profits from central banking operations." Zur Messung der politischen Unabhängigkeit werden untersucht: „(...) government representation on the bank's policy board, government authority to appoint members of the bank's policy board, and finally, the government's powers with regard to the direction of the bank's policy." (Parkin 1987: 320) Die Klassifizierung der Notenbanken anhand dieser Kriterien ist aus Tabelle 3 (S. 68) ersichtlich. Von den beiden Meßkonzepten sollte sich jedoch nur das der politischen Unabhängigkeit (BP) durchsetzen. Anders als viele spätere Studien nehmen Bade/Parkin (1985) keine prinzipielle Unterscheidung bezüglich der Unabhängigkeit zwischen den vier von ihnen entdeckten „policy types" vor. Lediglich die Gruppe 4 (Deutschland, Schweiz) wird als unabhängigere hervorgehoben.

Eine frühere, wenig bekannte Version der Studie (Bade/Parkin 1978) unterscheidet sich jedoch von den späteren, bekannteren deutlich. Die Widersprüche werden kurz dargestellt, da sie Zweifel an der Korrektheit der neueren Einordnungen der Länder aufkommen lassen. Folgende Interpretationen der früheren Studie stehen im Gegensatz zu den späteren Versionen: (i) In Frankreich, Japan und Kanada sind Regierungsvertreter in der Zentralbankleitung anwesend. (ii) Japan verfügt nicht über geldpolitische Entscheidungsautonomie. (iii) Die Mehrzahl der Ernennungen der Zentralbankleitung in der Schweiz wird durch die Regierung vorgenommen. Insgesamt ändert sich die Klassifizierung Japans und der Niederlande, die bezüglich der Unabhängigkeit der Zentralbank aufgewertet werden, und Australiens, das abgewertet wird.[58] Diese Veränderungen, die in den späteren Versionen weder erwähnt noch begründet werden, passen sehr viel besser zu dem vermuteten Zusammenhang zwischen Zentralbankunabhängigkeit und Inflation. Sie sind aber v.a. im Falle der Einordnung Japans äußerst fraglich.[59] Zumindest die Einordnung Japans sollte bei der Anwendung der Konzepte geändert oder ausführlich begründet werden.[60]

---

[58] Die neuen Klassifizierungen entsprechen sehr viel besser dem erwarteten Zusammenhang zwischen Unabhängigkeit der Zentralbank und Inflation.

[59] Die Zentralbank von Japan verfügt nicht über formale Entscheidungsfreiheit in der Geldpolitik und es befinden sich Regierungsvertreter im Entscheidungsgremium wie eindeutig aus den bei Eijffinger/Schaling (1993: 78-79) zitierten Passagen der Zentralbankverfassung Japans hervorgeht. Auch Cargill (1989; 1995) kritisiert die Einordnung Japans durch Bade und Parkin. Viele der späteren Studien schätzen die gesetzliche Unabhängigkeit der Zentralbank von Japan als deutlich geringer ein! Siehe auch Abbildung 1 (S. 39) und Tabelle 15 (S. 81). Forder (1998b) vergleicht beide Versionen ausführlicher. Bezüglich der Änderung der Unabhängigkeit Japans weist er darauf hin, daß: „Interestingly, although the Japanese inflation record was not particularly distinguished at the time of Parkin and Bade (1978), by the time of Alesina (1989) it was the fourth lowest in his sample of 17 countries." (S. 58).

[60] Siehe Cargill (1995: 248), der in seiner Studie darlegt, daß die Zentralbank Japans in den 1980er Jahren einen beträchtlichen geldpolitischen Spielraum hatte, gleichzeitig aber die formale Abhängigkeit der Bank betont.

3.1.2 BURDEKIN/WILLETT (1991) UND EPSTEIN/SCHOR (1986)

Epstein/Schor (1986: 102) kommen in ihrer polit-ökonomischen Studie über Unabhängigkeit der Zentralbank unter Berücksichtigung struktureller Merkmale, statistischer Arbeiten und Fallstudien über die Zentralbanken der USA und Italiens zu dem Fazit, daß „independence matters". Ihr Meßkonzept (EpS) basiert auf dem von Bade/Parkin (1985), begründete Änderungen wurden jedoch in der Einordnung von Japan und Großbritannien vorgenommen (siehe Tabelle 4, S. 69) (Epstein/ Schor 1986: 93-94).

Entgegen den meisten anderen Konzepten zur Messung der Unabhängigkeit von Zentralbanken, die oft durch eine Addition der verschiedenen Kriterien gebildet werden, gehen Burdekin/Willett (1991) qualitativ wertend vor. Die Zentralbanken der Kategorie 1 ihres Indizes (BW) sind diejenigen, die nicht autonom in ihren geldpolitischen Entscheidungen sind (siehe Tabelle 4). Wesentlich für die Unterscheidung der Kategorien 2 und 3 ist die Frage, ob die Regierung die Mehrzahl der Mitglieder des Entscheidungsgremiums ernennt (Burdekin/Willett 1991: 629). Hierbei zeigt sich (mit der Ausnahme Frankreichs), daß die Regierungen überall dort nicht alle Mitglieder der Zentralbankleitung ernennen, wo die Banken auch über geldpolitische Entscheidungsautonomie verfügen (Burdekin/Willett 1991: 637). Änderungen der Einschätzung von Ländern gegenüber Epstein/Schor (1986) und Bade/Parkin (1985) begründen die Autoren in einer ausführlichen Betrachtung der institutionellen Regelungen in den einzelnen Ländern.

3.1.3 ALESINA (1988; 1989) UND ALESINA/SUMMERS (1993)

Alesina (1988; 1989) und Alesina/Summers (1993) entwickeln zwei Indizes (A, AS), die in der Literatur häufig zitiert werden. Alesina bedient sich des Indizes (der politischen Unabhängigkeit) von Bade/Parkin (1988), um den Zusammenhang von politisch-institutioneller Stabilität und wirtschaftlicher Entwicklung zu untersuchen. Hierbei fügt Alesina die Länder Dänemark, Neuseeland, Norwegen und Spanien anhand von Informationen aus Fair (1979) und Masciandaro/Tabellini (1988) hinzu und verändert die Einordnung Italiens (siehe Tabelle 5, S. 70).

Ursache für die Änderung der Einschätzung Italiens durch Alesina ist die Tatsache, daß Italiens Zentralbank seit 1982 nicht mehr gesetzlich gezwungen war, nicht am Markt unterzubringende Schuldtitel der Regierung automatisch aufzukaufen. Alesina hält daher die Bank Italiens im Zeitraum vor der Reform für abhängiger als die Einordnung von Bade/Parkin (1985). Diese Änderung ist vielfach kritisiert worden, da sie für Italien ein weiteres Kriterium der Unabhängigkeit impliziert, das bei den anderen Ländern unberücksichtigt bleibt.[61]

Alesina/Summers (1993) verwenden in ihrer Studie über „Central bank independence and macroeconomic performance: some comparative evidence" einen neuen Indikator (AS) für die Messung der Unabhängigkeit von Zentralbanken, der aus dem von Alesina (1988) und dem in Kapitel 3.1.5 besprochen Index von Grilli/Masciandaro/Tabellini (1991) zusammengesetzt ist.[62] Es ist jedoch fraglich, ob ein aussagekräftiger Index durch die Bildung eines Durchschnittes aus mehreren Indizes ermittelt werden kann (siehe auch 3.1.7).

3.1.4 EIJFFINGER/SCHALING (1993)

Auch Eijffinger Schaling (1993; 1995)[63] übernehmen den Index BP von Bade/Parkin (1985). Eijffinger und Schaling gewichten jedoch in ihrem Index (ES) die Frage nach der geldpolitischen Entscheidungsunabhängigkeit doppelt (Eijffinger/Schaling 1993: 64): „Is the central bank the sole final policy authority (b), is this authority not entrusted to the central bank alone (b/g), or is it entrusted completely to the government (g)?" Unterscheidungsmerkmal für die Beantwortung der Frage (1) ist laut Eijffinger/Schaling (1993: 66) nicht nur die endgültige geldpolitische Autorität, sondern auch die Frage, ob die Zentralbank durch das Statut zur Sicherung der Geldwertstabilität verpflichtet ist:

> That is, the extent to which a central bank is regarded to be the sole policy authority (ES1) also depends on the presence of statutory requirements concerning monetary stability. Hence, we think a double weight (2/4 vs 1/4) with respect to the first criterion seems to be justified.

Eijffinger und Schaling sprechen so in ihrem Index der Geldwertstabilität jegliche Bedeutung ab, solange die Bank nicht die entscheidende geldpolitische Instanz ist. Methodologisch ist die Darstellung der Frage 1 zu kritisieren, da ohne die

---

[61] Siehe z.B. Eijffinger/Schaling (1995: 192-195) und Forder (1998b: 60-63). Unverständlich erscheint dagegen die Kritik von Eijffinger/Schaling, der Alesina vorwirft, er hätte anhand des Kriteriums Italien als unabhängiger einstufen müssen und nicht als abhängiger. Es ist jedoch anzunehmen, daß Alesina (1988) davon ausgeht, daß Bade/Parkin (1988) die Einstufung Italiens gemacht haben, nachdem die ‚divorzio' genannte Reform stattgefunden hat, Italien also für mehr als die Hälfte des Zeitraums ihrer Studie (1973-86) als seiner Ansicht nach zu unabhängig eingestuft haben. Daher senkt er den Wert 2, den Bade und Parkin Italien geben, auf 1,5.

[62] Das Verfahren findet sich in den Anmerkungen zur Tabelle 5 (S. 70).

[63] Bei den beiden Aufsätzen von Eijffinger und Schaling aus den Jahren 1993 und 1995 handelt es sich um zwei weitgehend deckungsgleiche Aufsätze. Eijffinger/Schaling (1993) enthält jedoch im Anhang Passagen und Interpretationen der Zentralbankverfassungen der untersuchten Länder; Eijffinger/Schaling (1995) schließt mit einem Kapitel über den Zusammenhang zischen Zentralbankunabhängigkeit und Inflation mittels Regressionsanalyse ab, das in dem früheren Aufsatz nicht enthalten ist.

interpretierende Erklärung die Bedeutung des Geldwertstabilitätsmandats nicht ersichtlich wird. So geben Eijffinger/de Haan (1996: 24) in einer späteren Arbeit das Kriterium ohne erklärende Beiworte wieder: „Central bank laws in which the central bank is the final authority get a double score"

Auch in einem weiteren Punkt erscheint die Arbeit von Eijffinger und Schaling zumindest in ihren Ergebnissen kritisierbar: Laut Frage 2 aus Tabelle 6 (S. 71), die sich wortgleich in beiden Versionen des Aufsatzes findet (Eijffinger/Schaling 1993; 1995), ist schon die Anwesenheit eines Regierungsvertreters *ohne Stimmrecht* im Entscheidungsgremium der Zentralbank als negativ für deren Unabhängigkeit zu werten. Vergleicht man die Beurteilung von Deutschland, Italien und Japan in Tabelle 6 mit den Angaben der Autoren, so ergibt sich ein deutlicher Widerspruch, da sich in den Zentralbanken aller drei Länder (nicht stimmberechtigte) Regierungs-vertreter befinden.[64] Auch die Einteilung der Niederlande als „vollständig" geldpolitisch unabhängig ist aufgrund des Rechtes der niederländischen Regierung, der Bank Direktiven zu erteilen, fraglich. Die Zweiteilung der Frage hätte Eijffinger und Schaling die Möglichkeit gegeben, die Niederlande als bedingt unabhängig einzuordnen.[65]

3.1.5 GRILLI/MASCIANDARO/TABELLINI (1991)

In ihrer Studie versuchen Grilli/Masciandaro/Tabellini (1991) die unterschiedlich hohen Schulden und Inflationsraten in 18 OECD-Ländern zwischen 1950 und 1989 neben anderen Variablen auch durch die Zentralbankunabhängigkeit zu erklären. Sie entwickeln unter Berücksichtigung von 15 gleichgewichteten Kriterien drei Indizes: Der Gesamtindex (GMT) wird durch die Addition des Indizes der politischen Unabhängigkeit (G-P) und des Indizes der ökonomischen Unabhängigkeit (G-Ö) gebildet.

---

[64] Für Japan heißt es hier: „The highest policy making body of the Bank of Japan is the Policy Board, consisting of the Governor, two representatives from the Ministry of Finance and Economic Planning Agency (without voting right) (...)" Auch wenn die Autoren darauf hinwei-sen, daß „despite the fact, that the Policy Board is, from a legal point of view, the most important policy making body, the major responsibility for formulating monetary policy resides with the Executive Board" (Eijffinger/Schaling 1993: 79), ist es doch deutlich, daß sich zwei Regierungsvertreter (ohne Stimmrecht) im Entscheidungsgremium befinden. Ähnliches gilt für Deutschland: „According to Article 13 (2, 3) members of the government may attend meetings of the Central Bank Council, without voting right, (...)" (Eijffinger/Schaling 1993: 77) und Itlaien: „The Board of Directors consists of (...) and a representative of the Ministry of the Treasury as an observer without voting right." (Eijffinger/Schaling 1993: 80).

[65] Allerdings begründen Eijffinger/Schaling (Eijffinger/Schaling 1993: 74-75) damit, daß das Direktivrecht der Regierung in seiner Anwendung ein sehr kompliziertes Verfahren darstellt und in der Praxis nie angewandt worden ist.

Die politische Unabhängigkeit stellt laut Grilli/Masciandaro/Tabellini (1991) die Fähigkeit der Notenbank dar, ohne formelle oder informelle Beeinflussung seitens der Politik das Ziel der Geldwertstabilität verfolgen zu können.[66] Berücksichtigt werden (i) die Ernennungsmodalitäten und Amtszeiten des Präsidenten und der Mitglieder des Entscheidungsgremiums, (ii) das Verhältnis der Zentralbank zur Regierung und (iii) die formalen Aufgaben der Zentralbank. Der Index der politischen Unabhängigkeit kann dabei Werte zwischen 0 und 8 annehmen, die einzelnen Fragen finden sich in Tabelle 7 (S. 72).

Die ökonomische Unabhängigkeit (Siehe Tabelle 8, S. 73) dagegen erlaubt der Notenbank, die Instrumente, die zur Erreichung dieses Zieles nötig sind, frei einzusetzen. Sie wird beeinflußt durch (i) die Regelungen der Kreditvergabe durch die Notenbank an den Staat, (ii) die Frage, ob die Notenbank Staatstitel direkt von der Regierung kaufen darf, (iii) die Autonomie der Zentralbank bei der Zinsfestsetzung und (iv) der Frage, ob der Zentralbank die Überwachung des Bankensystems übertragen wurde. Durch die Doppelgewichtung der Frage nach der Bankenaufsicht können die Werte des Indizes der ökonomischen Unabhängigkeit ebenfalls zwischen 0 und 8 liegen. In der Literatur wird am häufigsten der aus dem ökonomischen und dem politischen Index gebildete Gesamtindex verwendet. Die Werte des Gesamtindizes sind aus Tabelle 15 (S. 81) ersichtlich.

Der Index von Grilli/Masciandaro/Tabellini (1991) ist in der Literatur von vielen Autoren kritisiert worden. So führt die hohe Anzahl der gleichgewichteten Kriterien dazu, daß den eigentlich wichtigen Fragen (nach der geldpolitischen Entscheidungsautonomie) zu wenig Bedeutung beigemessen wird (Siehe auch Kapitel 3.3.3).[67] Bezüglich der Auswahl der Kriterien wird in der Literatur (i) die Berücksichtigung der Bankenaufsicht, deren Beitrag zur Unabhängigkeit der Zentralbank umstritten ist (De Haan/Sturm 1992: 323) und (ii) die ausführliche Berücksichtigung der Kriterien zur Kreditvergabe kritisiert.[68] Weiterhin (iii) wird darauf hingewiesen, daß

---

[66] Grilli/Masciandaro/Tabellini (1991: 204) rechtfertigen ihr Verständnis der Unabhängigkeit folgendermaßen: „In practice, however, the main virtue of having an independent central bank is that it can provide credibility. This is why we identify independence with the autonomy to pursue the goal of low inflation. Any institutional feature that enhances the central bank capacity to pursue this goal will, on our definition, increase central bank independence."

[67] Grilli/Masciandaro/Tabellini (1991: 206) sind sich der Problematik der Gewichtung durchaus bewußt. Auf unvermeidliche Willkür bei der Gewichtung der Kriterien bezogen schreiben sie: „Combining them is unavoidable arbitrary so we adopt the simplest procedure of adding them up."

[68] Bezüglich der Kreditvergabe hält Neumann (1996: 6) lediglich die Begrenzung des Kredites (Frage 4 des ökonomischen Index) für relevant. Den Zins (Frage 2) würde die Zentralbank in jedem Fall wieder über den Zentralbankgewinn zurückbekommen. Die zeitliche Begrenzung hält er für vernachlässigbar, da sich die Frage auf einen Zeitraum von drei Monaten bezieht, und der Kredit in jedem Fall erneuert werden könnte. Auch die Frage, ob die Frage ob der Kredit automatisch

das ledigliche Vorhandensein eines Mandates zur Sicherung des Geldwertes andere, eventuell konkurrierende Ziele nicht ausschließt (Kißmer/Wagner 1998). Ebenso wird (iv) die relativ starke Bedeutung des Zentralbankpräsidenten im Index und die Frage der Ernennung der Zentralbankleitung wird als zu restriktiv kritisiert.[69] Auch an der Interpretation der Zentralbankverfassungen wird Kritik geübt. So z.b. im Falle Frankreichs durch Malinvaud (1991)[70] und im Falle Österreichs durch Banaian/Burdekin/Willett (1995).[71]

3.1.6 CUKIERMAN (1992A)

Eine umfangreiche Kategorisierung von Zentralbanken nach ihrer gesetzlichen Unabhängigkeit haben Cukierman (1992a) und Cukierman/Webb/Neyapti (1992) durchgeführt.[72] Dieses gilt sowohl hinsichtlich der Anzahl der Länder (72) als auch hinsichtlich der Kriterien. (Siehe Tabelle 9, S. 74). Sie teilen 16 Charakteristika der gesetzlichen Unabhängigkeit mit jeweils gewichteten Unterfragen in 4 Gruppen auf: (i) Ernennung, Entlassung und Amtsdauer des Zentralbankpräsidenten, (ii) geldpolitische Entscheidungsunabhängigkeit der Zentralbank, (iii) Bedeutung der Geldwertstabilität in der Zentralbankverfassung und (iv) Fragen der Regelung der Kreditvergabe der Notenbank an die Regierung und andere (öffentliche) Institutionen. Aus diesen Informationen erstellen sie zwei Indizes – einmal ohne und einmal mit Gewichtung der einzelnen Kriterien (LVAU[73], LVAW) – deren Werte zwischen null und eins liegen.

Bei der Bewertung der einzelnen Kriterien geht Cukierman (1992a) streng nach dem Gesetzestext vor und läßt zusätzliche Information über die Anwendung der Gesetze

---

gewährt wird, hält Neumann für überflüssig, da er keinen Grund sieht, warum die Regierung nicht ihr gesetzliches Limit ausschöpfen sollte.

[69] Neumann (1996: 4-6) weist darauf hin, daß in Fällen, in denen die Zentralbankleitung die Entscheidungen über die Geldpolitik trifft, eine so starke Bewertung der Rolle des Präsidenten nicht angemessen erscheint. Desweiteren erscheint die Frage nach der Ernennung der Zentralbankleitung (Frage 3 im politischen Index) sehr restriktiv formuliert, zumal wahrscheinlich ist, daß eine regierungsfremde Ernennung ebenfalls nicht wünschenswerte Abhängigkeiten herstellt. Neumann zeigt außerdem, daß in den zwei Ländern, in denen die Ratsmitglieder nicht zumindest teilweise von der Regierung ernannt werden (Italien, Griechenland), die Regierung stark in der Aktionärsversammlung vertreten ist. Weber (1995: 1538) weist auf die potentiellen Nachteile einer zu starken Abhängigkeit der Zentralbank von Privaten hin.

[70] Malinvaud weist daraufhin, daß der Zentralbankpräsident Frankreichs jederzeit abgesetzt werden kann und insofern das Kriterium einer Amtsdauer von mehr als fünf Jahren nicht erfüllt sein muß.

[71] Banaian/Burdekin/Willett (1995) sehen im Gegensatz zu Grilli/Masciandaro/Tabellini (1991) keinen stimmberechtigten Regierungsvertreter in der Zentralbankleitung.

[72] Die in den beiden Studien benutzten Indizes sind nahezu identisch. Die Studie von Cukierman/Webb/Neyapti (1992) benutzt den gewichteten Index der Unabhängigkeit von Zentralbanken (LVAW), Cukierman (1992a) dagegen verwendet den ungewichteten.

[73] Wobei auch der „ungewichtete" LVAU Gewichtungen enthält. Siehe Tabelle 9 (S. 74).

außer acht, um eine weitgehende Objektivität zu gewährleisten. Er versucht in den Unterfragen möglichst vielen in der Realität vorkommenden gesetzlichen Regelungen einen begründeten Wert zu geben. Um eventuelle Gesetzesänderungen im untersuchten Zeitraum (1950-89) beachten zu können, wurden die Zentralbankverfassungen von vier Perioden ausgewertet, die größtenteils mit den jeweiligen Dekaden übereinstimmen. Es zeigt sich, daß sich die gesetzlichen Regelungen zwischen 1950 und 1989 kaum verändert haben (Cukierman 1992a: 396-410). Die große Anzahl der untersuchten Länder erlaubt es, nach systematischen Unterschieden in der Zentralbankunabhängigkeit zwischen Ländergruppen, wie Industrie- und Entwicklungsländern zu suchen. Tabelle 10 (S. 76) zeigt, daß sich die Unabhängigkeit der Zentralbanken nach rein gesetzlichen Kriterien zwischen Industrie- und Entwicklungsländern kaum unterscheidet. Cukierman hält jedoch die gesetzliche Unabhängigkeit nur in den Industrieländern als geeignete Variable für die Beschreibung der tatsächlichen Unabhängigkeit, da er nur hier einen signifikanten negativen Zusammenhang zwischen der gesetzlichen Unabhängigkeit und der Inflationsrate findet.

Cukierman (1992a) erstellt auch einen Gesamtindex aus dem ungewichteten Index LVAU und den ebenfalls von ihm erstellten Indizes QVAU und TURN (siehe Kapitel 3.2.1 und 3.2.2). Dieser erscheint jedoch aus methodologischen Gründen fraglich, da er die Gewichtung der einzelnen Indizes (LVAU, QVAU, TURN) im Gesamtindex entsprechend der Werte von Korrelationskoeffizienten vornimmt, die er aus einer Regression der Indizes mit der Inflationsrate erhält.[74]

Die von Cukierman (1992a) erstellten Indizes LVAU und LVAW sind in der Literatur v.a. wegen der relativ hohen Gewichtung der Fragen nach dem Vorhandensein eines Geldwertstabilitätszieles und der Kreditvergabe und aufgrund der Auswahl der Elemente der Zentralbankunabhängigkeit kritisiert worden (siehe Kapitel 3.3.2 und 3.3.3). So ist es etwa fraglich, ob die Beteiligung der Bank an der Formulierung des Haushaltes der Regierung eindeutig bezüglich ihrer Unabhängigkeit interpretiert werden kann.

3.1.7 WEITERE KONZEPTE ZUR MESSUNG DER UNABHÄNGIGKEIT VON ZENTRALBANKEN

Abschließend soll auf einige weitere Konzepte zur Messung der Unabhängigkeit von Zentralbanken eingegangen werden. In ihrer vielzitierten Studie benutzen De Haan/Sturm (1992) (dHS) den um die Fragen zur Bankenaufsicht reduzierten Index

---

[74] Dieses Vorgehen unterstellt den negativen Zusammenhang zwischen der Inflationsrate und der Unabhängigkeit der Zentralbank als Tatsache, obwohl dieser eigentlich die Hypothese darstellt, die überprüft werden soll. Zur Kritik an diesem Vorgehen siehe Kapitel 3.4 und Walsh (1993).

von Grilli/Masciandaro/Tabellini (1991), da sie diesen Punkt nicht für wichtig bezüglich der gesetzlichen Unabhängigkeit der Zentralbanken erachten. Capie/ Mills/Wood (1994) (CMW) teilen in ihrer Studie, die den Zusammenhang zwischen Inflation und der Unabhängigkeit der Zentralbanken über einen Zeitraum von zum Teil mehr als einem Jahrhundert untersucht, die 14 untersuchten Zentralbanken lediglich in unabhängige und abhängige Zentralbanken ein.

Fratianni/Huang (1994) erstellen einen Index (FH) aus dem Durchschnitt von 9 Indizes. Da die einzelnen Indizes jedoch zu unterschiedlichen Ergebnissen kommen, verschiedene Aspekte der (rechtlichen) Unabhängigkeit der Zentralbank beleuchten und diese unterschiedlich gewichten, sollte auf die Bildung von Mittelwerten aus mehreren Indizes verzichtet werden. Diese verwischen die Aussagefähigkeit der einzelnen Indizes, ohne daß der neu konstruierte (Mittelwert-) Index dadurch mehr Aussagekraft erhält (Eijffinger/De Haan 1996: 25). Zur Absicherung von empirischen Ergebnissen über den Zusammenhang der Zentralbankunabhängigkeit mit wirtschaftlichen Variablen sollten daher die Berechnungen eher mit mehreren einzelnen Indizes durchgeführt werden als mit Durchschnittswerten. Aus denselben Gründen ist der Index von Alesina/Summers (1993) zu kritisieren.

Weitere Indizes sind von Loungani/Sheets (1997) und Lybek (1999) in Studien über den Zusammenhang zwischen Inflation und der Zentralbankunabhängigkeit in Transformationsländern erstellt worden. Da diese Indizes jedoch keine weitere Verbreitung in der Literatur gefunden haben und sich aus den hier schon angesprochenen Elementen zusammensetzen soll hier nicht näher auf sie eingegangen werden.

3.2 KONZEPTE ZUR MESSUNG DER TATSÄCHLICHEN UNABHÄNGIGKEIT

Wie schon in Kapitel 3 erwähnt, kann die gesetzliche Unabhängigkeit der Zentralbank ihre tatsächliche Unabhängigkeit nur dann weitgehend ermöglichen, wenn diese in einem politischen, wirtschaftlichen und gesellschaftlichen Umfeld agiert, das ihre (gesetzliche) Unabhängigkeit respektiert und ihr eine auf Geldwertstabilität ausgerichtete Politik ohne prinzipielle Widerstände ermöglicht.[75] Die Ursachen für Unterschiede zwischen der gesetzlichen und der tatsächlichen Unabhängigkeit können vielfältiger Natur sein. Auf die Bedeutung informellen politischen Drucks, der Konsistenz der Wirtschaftspolitik, der Tarifparteien und der

---

[75] Siehe u.a. Cukierman (1992a), Cukierman/Webb/Neyapti (1992), Eijffinger/De Haan (1996), Fry (1994), Kißmer/Wagner (1998), Mas (1995), Maxfield (1997), Sikken/De Haan (1998), Siklos (1995), Wagner (1999).

Öffentlichkeit ist bereits in Kapitel 2.2 hingewiesen worden. Auch die Persönlichkeiten der wichtigsten handelnden Akteure spielen eine große Rolle. So kann ein überzeugend auftretender Zentralbankpräsident der Bank einen weiten Handlungsspielraum verschaffen (Caesar 1981: ; Sylla 1988: 37-38).

Neben diesen Faktoren sind weitere institutionellen Rahmenbedingungen für die tatsächliche Unabhängigkeit der Zentralbank von Bedeutung. Hierzu gehören eine funktionierende Marktwirtschaft und die Zweiteilung des Bankensystems in Zentralbank und Geschäftsbanken (Wagner 1999: 15). Cukierman (1996) weist darauf hin, daß eine Ursache der geringen tatsächlichen Unabhängigkeit vieler Zentralbanken in Entwicklungs- und Transformationsländern in einem schlecht entwickelten Rechtssystem und -verständnis liegt.[76] Die Nichtbeachtung oder Umgehung von Gesetzen stellen auch Hochreiter/Rovelli/Winckler (1996: 641) in ihrer Studie über den Zusammenhang zwischen Zentralbankunabhängigkeit und Seigniorage in Transformationsländern fest. Einen wichtigen Faktor für die Unabhängigkeit der Zentralbank stellt weiterhin die politische Stabilität eines Landes dar. Muß die bestehende Regierung damit rechnen, für einen längeren Zeitraum nicht mehr an die Macht zu kommen, wird ihr Zeithorizont relativ kurz sein. Dementsprechend steigt die Versuchung, die Zentralbank für die eigenen Zwecke zu mißbrauchen.[77]

Aber auch die Entwicklung der Kapital- und Finanzmärkte ist von entscheidender Bedeutung für die tatsächliche Unabhängigkeit der Zentralbank. Schlecht entwickelte Kapital- und Finanzmärkte führen zu einer starken Einschränkung der Möglichkeiten des Staates, seine Ausgaben durch Kreditaufnahme am Markt zu finanzieren, und zu der Versuchung, zur Finanzierung der Staatsausgaben auf die Zentralbank zurückzugreifen.: „Under such conditions legal limitations on lending to government and other legal provisions that fortify the legal status of the CB do not suffice to check the tide of inflationary finance." (Cukierman 1996: 36-37). In einer solchen Situation der fiskalischen Dominanz[78] (*fiscal dominance*) sollten sich die

---

[76] Anzeichen hierfür findet Cukierman z.B. in den tatsächlichen Amtszeiten der Zentralbankpräsidenten, die in den Entwicklungs- und Transformationsländern deutlich von den gesetzlichen Vorgaben abweichen.

[77] Cukierman/Webb (1995: 414-415) finden Anzeichen dafür, daß im Falle eines ausreichenden gesellschaftlichen Konsens ein häufiger (demokratischer) Wechsel zu einer höheren Zentralbankunabhängigkeit führt. Dies ist oft in föderal organisierten politischen Systemen der Fall (Bernhard 1998: 324). Die Instabilität des politischen Regimes hingegen korreliert mit weniger Zentralbankunabhängigkeit. Zu Wechselwirkungen zwischen dem politischen System und der Delegierung der Geldpolitik an eine unabhängige Zentralbank siehe auch: Bagheri/Habibi (1998) und Moser (1999).

[78] „If fiscal dominance applies, that is, if a country's economic policy is only as good as its fiscal policy, the anti-inflation stance of the ICB [independent central bank] will not be credible. (...) Institutional independence of the central bank does not translate into independence of monetary

institutionellen Reformen v.a. darauf konzentrieren, den Staatshaushalt zu stabilisieren, um eine mit Geldwertstabilität vereinbare Fiskalpolitik und somit auch eine vom Staat unabhängige, staibilitätsorientierte Geldpolitik zu ermöglichen. Wagner (1999: 16) kommt in seiner Untersuchung über die Geldpolitik in den Transformationsländern zu folgendem Schluß:

> However, low legal and administrative stability as well as high fiscal dominance and political instability can make the commitment of a central bank to follow a steady anti-inflationary course implausible, since the sustainability of such a course is then doubted by the public and by international capital markets.

In engem Zusammenhang mit der Entwicklung der Finanz- und Kapitalmärkte steht auch die Funktion als Entwicklungsbank, die von der Zentralbank in vielen Entwicklungsländern ausgeübt wird. Ihre Rolle wird vom Staat darin gesehen, durch subventionierte Kreditgewährung den Mangel an investierbarem heimischen Sparkapital zu beheben und so ausgesuchten Sektoren erhöhte Wachstumschancen zu ermöglichen. Eine an Geldwertstabilität orientierte Politik wird durch die Instrumentalisierung der Zentralbank als Entwicklungsbank erschwert (Cukierman 1992a: 453-454).

Je weniger die aufgeführten institutionellen Rahmenbedingungen gegeben sind, desto eher ist von einem Abweichen der tatsächlichen Unabhängigkeit von der gesetzlichen auszugehen. Aufgrund dieser Überlegungen ist zu erwarten, daß die gesetzliche Unabhängigkeit in vielen Entwicklungsländern, in denen die oben genannten institutionellen Rahmenbedingungen kaum gegeben sind, keine zuverlässige Auskunft über deren tatsächliche Unabhängigkeit geben kann.

Die besprochenen Faktoren verdeutlichen, daß die Elemente, welche die tatsächliche Unabhängigkeit einer Zentralbank ausmachen, sehr viel komplexer sind als die der gesetzlichen Unabhängigkeit. Die direkte Erfassung der tatsächlichen Unabhängigkeit erscheint daher kaum möglich. Es sind jedoch verschiedene Versuche unternommen worden, Indikatoren zu erstellen, die über das Ausmaß politischer Beeinflussung von Zentralbanken Auskunft geben können. Diese sollen im folgenden vorgestellt werden.

---

policy – and the central bank will not be up to its anti-inflation task. Under such circumstances, institutional structure is irrelevant" (Mas 1995: 1643). Mas sieht in den Entwicklungsländern entsprechend dringenden Reformbedarf der Fisklapolitik (Mas 1995: 1640): „(...) fiscal policy is more deserving of special protection from politics because of fiscal dominance over monetary policy and the greater vulnerability of fiscal policy to private interests." Um seinen Vorschlag zu unterstreichen, schlägt Mas in seinem Aufsatz die Etablierung eines „independent fiscal board" vor.

3.2.1 ERMITTLUNG DER UNABHÄNGIGKEIT DURCH EINEN FRAGE-BOGEN

Cukierman (1992a) erstellt für 24 Länder einen Index der Unabhängigkeit von Zentralbanken basierend auf einem Fragebogen (QVAU). Gefragt wurde nach (i) dem Grad der Überschneidung der Amtszeiten von Exekutive und Zentralbank, (ii) dem Grad der tatsächlichen Einschränkung der Kreditvergabe an den Staat, (iii) der Konfliktregulierung, (iv) der finanziellen Unabhängigkeit der Zentralbank, (v) dem Vorhandensein monetärer Zwischenziele und (vi) der Bedeutung der Geldwertstabilität in der Politik der Zentralbank.

Neben dem offensichtlich informativen Gehalt des Fragebogens, weist dieser Index jedoch einige Probleme auf: So basiert er nur auf der (Selbst-)Einschätzung durch die Zentralbanker. Nicht auszuschließen ist eine Tendenz der Befragten, die eigene Bank unabhängiger darzustellen, als sie in Wirklichkeit ist. Da nicht davon auszugehen ist, daß diese Tendenz unbedingt gleichermaßen verteilt ist, verliert der Index damit auch seinen relativen Informationsgehalt über die Unabhängigkeit der Zentralbanken.[79] Der geringe Zusammenhang zwischen den Ergebnissen des Fragebogens und dem rechtsbasierten Index von Cukierman (1992a: 391-393) bestätigt dies.

3.2.2 DURCHSCHNITTLICHER WECHSEL DER ZENTRALBANKPRÄSIDENTEN

Als ein mögliches Indiz politischer Beeinflussung der Zentralbank haben Cukierman (1992a), Cukierman/Webb/Neyapti (1992)und Cukierman/Webb (1995) die durchschnittliche Anzahl der Wechsel der Zentralbankpräsidenten pro Jahr untersucht (TURN). Ein häufiger Wechsel der Zentralbankpräsidenten ist ein wahrscheinliches Zeichen einer politischen Beeinflussung der Zentralbank.[80] Am deutlichsten wird dies am Beispiel Argentiniens, wo es bis zur Reform der Zentralbank 1991 Tradition war, daß der Präsident der unabhängigen Zentralbank seinen Rücktritt vor Ablauf seiner vierjährigen Amtszeit anbot, wenn die Regierung oder lediglich der Finanzminister wechselte. Berücksichtigt man in Argentinien lediglich die achtziger Jahre, so ergibt sich eine durchschnittliche Amtszeit von 10 Monaten für die Präsidenten der Zentralbank (Cukierman 1996: 11).

---

[79] Eine solche Umfrage unter Wissenschaftlern und verschiedenen Teilnehmern an den Finanzmärkten hätte sicherlich etwas objektiveren Charakter, als es die Befragung des Personals der Zentralbanken hat. Wie stark die Selbsteinschätzungen auseinandergehen, zeigt u.a. das Beispiel Italiens mit Werten für den rechtsbasierten Index LVAU (0,22) und den Fragebogen QVAU (0,76) (Cukierman 1992a).

[80] Natürlich gilt dies v.a. dann, wenn die Regierung den Zentralbankpräsidenten auch ernennt.

Eine geringe Anzahl durchschnittlicher Wechsel der Zentralbankpräsidenten bedeutet jedoch nicht notwendigerweise eine hohe Unabhängigkeit der Zentralbank.[81] Daher ist davon auszugehen, daß ab einer gewissen Länge der Amtszeit der Präsidenten dieser Indikator seine Aussagekraft über das Maß der Unabhängigkeit verliert. Da die Regierung einen großen Einfluß auf die Geldpolitik hat, wenn sie innerhalb einer Amtszeit mehrfach den Posten des Zentralbankpräsidenten besetzen kann, sieht Cukierman (1992a: 385) diese „kritische" Grenze erreicht, wenn die Amtszeit des Präsidenten die Dauer einer Legislaturperiode übersteigt.[82] Auch ist ein langer Zeithorizont, der für eine Geldwertstabilitätspolitik wichtig ist, kaum bei einem Zentralbanker zu erwarten, der mit einer kurzen Amtszeit rechnen muß[83] (Cukierman et al. 1993: 101).

In der Periode von 1950-89 reicht die durchschnittliche jährliche Anzahl der Wechsel der Zentralbankpräsidenten von 0,03 in Island (alle 33 Jahre) bis zu 0,93 in Argentinien (alle 13 Monate). Die meisten der Industrieländer weisen jedoch Werte zwischen 0,1 (alle 10 Jahre) und 0,2 (alle 5 Jahre) auf. Hierbei ist eine Trennung in Industrie- und Entwicklungsländer angebracht: „Turnover rates in LDCs [less developed countries] tend to spread into a range that has not been experienced in the developed countries (DC). The highest turnover among the DC is 0,2 (average tenure of five years) for Spain and Japan. More than half of the LDCs have turnover rates exceeding this." (Cukierman et al. 1993: 101) (Siehe auch: Tabelle 11, S. 77)

Neben der Häufigkeit der Wechsel untersucht Cukierman (1992a: 419-421) auch das Verhältnis der tatsächlichen Amtszeit gegenüber der gesetzlichen Amtszeit. Er kommt zu dem Ergebnis, daß in den meisten Ländern die tatsächliche Amtszeit geringer ist als die gesetzlichen Vorgaben. Es gibt jedoch deutliche Unterschiede zwischen den Industrieländern und den Entwicklungsländern (Cukierman/Webb 1995: 397): „In industrial countries, the frequency with which a central bank governor is replaced within three months of the time designated by law is more than ten times higher than in other periods. In developing countries it is only 2.2 times higher."

---

[81] Es ist genauso gut vorstellbar, daß der Zentralbankpräsident so lange im Amt ist, gerade weil er sich nach den Wünschen der Regierungen richtet. Dieses dürfte nicht zuletzt bei stabilen autoritären Regierungen der Fall sein (Cukierman/Webb 1995: 402).

[82] Da der durchschnittliche Wahlzyklus in den meisten Ländern mindestens 4 Jahre beträgt, sieht Cukierman (Cukierman 1992a: 385) diese kritische Grenze in seinem Index TURN bei Werten von 0,2 bis 0,25 erreicht, die durchschnittlichen Amtszeiten von fünf bzw. vier Jahren entsprechen.

[83] Diese Vermutung begründet sich in der Tatsache, daß die kurzfristigen Vorteile einer Inflation schnell auftreten, die Kosten aber erst auf lange Sicht.

3.2.3 POLITISCH BEDINGTER WECHSEL DER ZENTRALBANKPRÄSIDENTEN

Cukierman/Edwards/Tabellini (1992) finden Anhaltspunkte für einen positiven Zusammenhang zwischen politischer Instabilität und Inflation. Um herauszufinden, wie stark sich die politische Instabilität auf die Politik der Zentralbank auswirkt, untersuchen Cukierman/Webb (1995), wie oft nach einem politischen Wechsel (*political transition*) ein Wechsel der Zentralbankpräsidenten stattfindet. Findet dieser unmittelbar nach einem politischen Wechsel statt, liegt die Vermutung nahe, daß er auf politischen Einfluß zurückzuführen ist. Cukierman und Webb messen den politisch bedingten Wechsel der Zentralbankpräsidenten (*political vulnerability*) auf Grundlage der Wahrscheinlichkeit, daß dieser Wechsel bis zu sechs Monate nach einem politischen Wechsel stattfindet. Um die Aussagekraft ihres Indikators (VUL) weiter zu verfeinern, unterscheiden Cukierman/Webb (1995: 401-4) drei Regimes nach vier Arten der politischen Stabilität. Zu den demokratischen Regimes zählen sie die Länder, in denen es rein demokratische Wechsel der Regierungsspitze oder der regierenden Partei gibt (geringe und mittlere politische Instabilität). Als autoritäre Regimes werden diejenigen bezeichnet, in denen sich autoritäre Regierungen abwechseln (*type 2 authoritarian*). Als gemischte Regimes bezeichnen Cukierman und Webb die Länder in denen ein Wechsel zwischen demokratischen und autokratischer Regierungsform stattfindet (hohe politische Instabilität).[84]

Die Aussagekraft des Indikators steigt mit der Länge des Beobachtungszeitraumes und der Anzahl der politischen Wechsel (Cukierman/Webb 1995: 406-407). Insgesamt bewirkt die Aufteilung der Wechsel an der Zentralbankspitze in (i) Wechsel der Notenbankpräsidenten bis zu sechs Monate nach einem politischen Wechsel (*political periods*) und (ii) Wechsel der Zentralbankpräsidenten in der sonstigen Zeit (*non-political periods*) einen deutlich höheren institutionellen Informationsgehalt über das Zusammenspiel von Politik und Zentralbank als die reine durchschnittliche Anzahl der Wechsel der Zentralbankpräsidenten.

Cukierman/Webb (1995) finden bei der Untersuchung von 67 Ländern im Zeitraum der Jahre 1950-89 heraus, daß für alle Länder die Wahrscheinlichkeit eines Wechsels der Zentralbankpräsidenten innerhalb von sechs Monaten nach einem politischen Wandel zunimmt. Sie ist mehr als zweimal so groß wie in der darauffolgenden „nicht-politischen" Zeit. Durchschnittlich einem Viertel der politischen Wechsel folgt ein Wechsel an der Spitze der Zentralbank. Auch hier sind deutliche

---

[84] Hierbei war das entscheidende Kriterium für die Unterscheidung in demokratische und autoritäre Regierungen die Frage, ob eine Regierung aufgrund von öffentlichen Wahlen mit konkurrierenden Parteien an die Macht gekommen ist. Nicht berücksichtigt werden „mißlungene Versuche" des politischen Wechsels, wie Putschversuche oder Wahlen, in denen die bestehende Regierung im Amt bestätigt wird.

Unterschiede zwischen den Ländergruppen zu beobachten: In den Entwicklungsländern ist die Wahrscheinlichkeit dreimal so hoch wie in den Industrieländern. Am höchsten ist sie in Entwicklungsländern mit „gemischten" Regimen: Die Wahrscheinlichkeit, daß nach einem politischen Wechsel zwischen einem demokratischen und einem autoritären Regime innerhalb von sechs Monaten ein Wechsel des Zentralbankpräsidenten stattfindet, beträgt 61%. 55% beträgt sie bei einem Wechsel zwischen autoritären Regimen in den Entwicklungsländern und 30% bei Entwicklungsländern, die über den gesamten Zeitraum demokratisch regiert waren. Dem steht ein Wert von 10% in demokratisch regierten Industrieländern gegenüber.[85]

Die Indizes TURN und VUL haben den Vorteil, daß es sich um Indizes handelt, die tatsächliches Verhalten widerspiegeln. Beide geben in einem gewissen Maß Auskunft über realen politischen Einfluß auf die Zentralbank. Beiden ist weiterhin gemeinsam, daß sie nur zuverlässige Aussagen bei einer hohen durchschnittlichen Anzahl der Wechsel der Zentralbankpräsidenten liefern können, da bei einer geringen Anzahl die Wahrscheinlichkeit von Fehlschlüssen stark ansteigt. Die Indizes liefern durch die deutlich höheren Werte der Wechsel der Zentralbankpräsidenten in den Entwicklungsländern Anhaltspunkte dafür, daß in vielen Entwicklungsländern die gesetzliche Unabhängigkeit die Zentralbank nicht ausreichend vor politischer Beeinflussung schützt, und insofern geringe Aussagekraft über die tatsächliche Unabhängigkeit der Bank besitzt. VUL hat den Vorteil, daß der Index die Wechsel der Zentralbankpräsidenten in zeitlicher Nähe von Regierungswechseln untersucht und auch zwischen verschiedenen Typen der Regierungswechsel unterscheidet. Cukierman/Webb (1995) sehen daher die Erklärungskraft ihres Indizes VUL, im Gegensatz zu TURN, auch in Industrieländern gegeben. Allerdings sollten hier die Ergebnisse aufgrund der geringen Häufigkeit der Wechsel der Zentralbankpräsidenten sehr vorsichtig interpretiert werden, wie De Haan (1995) am Beispiel der Niederlande zeigt.[86]

3.2.4 REAKTIONSFUNKTIONEN

Weitere Versuche, die Unabhängigkeit der Zentralbanken zu messen, erfolgen über sogenannte Reaktionsfunktionen. Dabei wird angenommen, daß die Geldpolitik auf verschiedene politische und gesellschaftliche Einflüsse reagiert, wie z.B. auf die Fiskalpolitik der Regierung, die Tarifpolitik oder den Importpreisdruck.[87]

---

[85] Siehe Cukierman/Webb (1995) und dort v.a. Tabelle 2 und Tabelle 5.

[86] So weist De Haan (1995: 114) darauf hin, daß der Wert der Niederlande einen politischen Einfluß auf die Besetzung des Zentralbankpräsidenten vermuten läßt, dieser jedoch auf die zufällige Koinzidenz der Amtseinführung Jelle Zijlstras als Präsident der Zentralbank im Jahr 1967 mit einem politischen Wechsel zurückzuführen ist.

[87] Im allgemeinen nimmt die Reaktionsfunktion dabei folgende Form an:

Entsprechend der Annahme, daß eine unabhängige Zentralbank sich stärker auf das Ziel der Sicherung des Geldwertes konzentriert als eine abhängige Zentralbank, müßten in den Reaktionsfunktionen der Zentralbanken systematische Unterschiede erkennbar sein.

Banaian/Laney/Willett (1986) fügen einem alten Ansatz von Willett/Laney (1978), in dem angenommen wurde, daß Zentralbanken auf das Haushaltsdefizit, ausländische Lohnniveauveränderungen, Wechsel in den Währungsreserven und Wandel der Importpreise reagieren, weitere potentielle Einflußfaktoren, wie die Rolle der Gewerkschaften und die Einkommensungleichheit, hinzu. Sie nehmen an, daß der Grad, zu dem die Zentralbank inflatorischem Druck der verschiedenen Quellen nachgibt, stark von ihrer Unabhängigkeit abhängt (Banaian/Laney/Willett 1986: 208-209). In ihrer Studie kommen sie zu dem Ergebnis, daß die Zentralbanken, die am wenigsten auf die verschiedenen Einflüsse reagierten, diejenigen waren, die auf Basis der geldpolitischen Entscheidungsfreiheit als unabhängig klassifiziert wurden.[88]

Siklos (1995) geht in seiner Studie über Zentralbankunabhängigkeit davon aus, daß eine unabhängige Zentralbank das Geldmengenwachstum senkt, wenn die Inflationsrate oder das Bruttoinlandsprodukt stärker wachsen als erwartet. Bei der Untersuchung berücksichtigt er speziell fünf lateinamerikanische Zentralbanken,[89] die ihre Unabhängigkeit Ende der achtziger und Anfang der neunziger Jahre stark erhöht haben. Mit Hilfe der Reaktionsfunktionen kann er jedoch keine systematischen Unterschiede in der Geldpolitik zwischen dieser Reformgruppe und den nicht-reformierten Zentralbanken weiterer Entwicklungsländer finden. Johnson/Siklos (1994; 1996) stoßen bei ihrer Untersuchung von 17 OECD-Ländern über den Zeitraum der Jahre 1960-1990 ebenfalls auf keine Übereinstimmung der Einschätzungen der Unabhängigkeit der Zentralbanken durch Reaktionsfunktionen mit dem Geldmarktzins als abhängige Variable und den Einschätzungen durch rechtsbasierte Indizes. Sie kommen zu dem Schluß, daß: „the actual performance of central banks does not appear to be highly correlated with what they are legislated to do if only because the choice of exchange rate regimes and

---

$$I_t = B(L)Z_{t-1} + C(L)P_t$$

Wobei I_t ein Vektor der Instrumente der Geldpolitik ist; meist wird ein einzelnes Instrument (z.B. der Marktzins) ausgewählt. Z_{t-1} ist ein Vektor, der die für die Zentralbank zu dem Zeitpunkt verfügbaren Informationen enthält. P_t enthält politische Variablen, von denen angenommen wird, daß sie das Verhalten der Zentralbank beeinflussen können. Kurze Schilderungen des Aufbaus und der Grundgedanken von Reaktionsfunktionen finden sich bei: Banaian/Laney/Willett (1986), Johnson/Siklos (1994) und Siklos (1995).

[88] Die Länder sind Deutschland, Kanada, Schweiz und USA.
[89] Die Länder sind Argentinien, Chile, Kolumbien, Mexiko und Venezuela.

foreign monetary policies, both of which are politically influenced, appear to be important determinants" (S. 158).

Fry (1998) mißt die Unabhängigkeit von Zentralbanken in Entwicklungsländern durch den Grad, in dem die Zentralbank die aufgrund einer erhöhten Kreditnachfrage des Staates entstehenden Effekte auf die Geldmenge durch eine Verknappung der Kredite an die Privaten neutralisiert. Neutralisiert die Zentralbank die Auswirkungen der Kreditnachfrage des Staates, wird sie als unabhängig angesehen. Seine Reaktionsfunktionen bestätigen, daß „larger deficits and greater reliance by governments on the inflation tax and financial repression are associated with less central bank neutralisation of increased government borrowing requirements." (Fry 1998: 527) Einen Zusammenhang der so definierten Zentralbankunabhängigkeit mit den rechtsbasierten Indizes kann er allerdings nicht erkennen.

Eijffinger/Van Rooij/Schaling (1996) vergleichen geldpolitische Reaktionsfunktionen in zehn Industrieländern über den Zeitraum 1977-90. Sie nehmen an, daß die Zentralbank bei der Steuerung des Geldmarktzinses auf die Inflationsrate, das reale Wirtschaftswachstum, den Leistungsbilanzüberschuß und einen länderspezifischen Effekt reagiert. Die auftretenden länderspezifischen Effekte[90] interpretieren sie als Indikator für die tatsächliche Unabhängigkeit der Zentralbanken.[91] Durch ihren empirischen Indikator können sie drei Ländergruppen voneinander unterscheiden: Länder mit unabhängigen (Deutschland, Niederlande), gemäßigt unabhängigen (Kanada, Japan, Schweiz, USA, Frankreich, Australien) und abhängigen (Italien, Großbritannien) Zentralbanken. Für diesen empirischen Indikator finden sie sowohl eine signifikante Korrelation mit rechtsbasierten Indizes der Unabhängigkeit (ES, BP, AL, GMT) als auch mit der Inflationsrate.[92] Sie sehen daher die Annahme bestätigt, daß sich die mittels der rechtsbasierten Indizes als unabhängig klassifizierten Zentralbanken restriktiver gegenüber inflationären Tendenzen verhalten.

---

[90] Die Niveauunterschiede zwischen den durchschnittlichen Zinsveränderungen der verschiedenen Länder.

[91] Hierbei gehen sie davon aus, daß „(...) central bank independence comes forward in different structural pressures to lower or raise money market rates. This definition of central bank independence implies, that the same degree of independence should lead to the same response to data for inflation, economic growth and current account." (Eijffinger/Van Rooij/Schaling 1996: 169) Länder mit abhängigeren Zentralbanken werden entsprechend bei gleicher Datenlage einen relativ geringeren Geldmarktzins aufweisen als Länder mit unabhängigen Zentralbanken. Berger (1997: Fußnote 17) weist in diesem Zusammenhang darauf hin, daß in den als unabhängig eingestuften Ländern wie Deutschland der Geldmarktzinssatz prinzipiell sehr niedrig ist und daher stärkere Zinserhöhung eher möglich sind als in Ländern mit höheren Geldmarktzinssätzen.

[92] Prast (1996: 381) weist darauf hin, daß der Zusammenhang des Indizes mit der Inflationsrate im Grunde schon in der Definition der Unabhängigkeit impliziert wird, da die Autoren davon ausgehen, daß eine unabhängige Zentralbank den Geldmarktzins bei gleicher Datenlage relativ stärker anheben wird als eine abhängige Zentralbank.

3.3 VERGLEICH DER KONZEPTE

Im folgenden sollen die Indizes der verschiedenen Autoren anhand ihrer Kürzel zitiert werden. BP steht also für den Index von Bade/Parkin (1985), LVAU für den ungewichteten Index der gesetzlichen Unabhängigkeit von Cukierman (1992a) usw. Am Anfang der Arbeit findet sich ein Verzeichnis mit den jeweiligen Abkürzungen.

Die Vorstellung der Indizes hat verdeutlicht, daß die Autoren auf unterschiedlichen Wegen versuchen, die Unabhängigkeit von Zentralbanken zu messen. Generell kann man sagen, daß die rechtsbasierten Indizes v.a. zur Messung der Unabhängigkeit in Industrieländern herangezogen werden. Verhaltensbasierte Indizes wie der (politisch bedingte) Wechsel der Zentralbankpräsidenten werden für eine Annäherung an die Unabhängigkeit der Zentralbanken in Entwicklungsländern herangezogen, während Reaktionsfunktionen zur Überprüfung des Verhaltens der Zentralbanken hinsichtlich eines geldpolitischen Steuerungsinstrumentes dienen.

Der in diesem Kapitel dargestellte Vergleich soll sich v.a. auf die rechtsbasierten Indizes der Zentralbankunabhängigkeit konzentrieren, da diese sich von Struktur und Herangehensweise für einen direkten Vergleich anbieten. Wenn möglich sollen in den Vergleich auch die in Kapitel 3.2 besprochenen verhaltensbasierten Indizes der tatsächlichen Unabhängigkeit mitberücksichtigt werden. Der Vergleich zeigt, daß die Autoren bei der Messung der rechtlichen Unabhängigkeit von Zentralbanken trotz ähnlicher Verfahrensweise zu deutlich unterschiedlichen Ergebnissen kommen (Kapitel 3.3.1). Die Ursache hierfür liegt im divergierenden Verständnis, das die verschiedenen Autoren von der Unabhängigkeit der Zentralbank und ihrer Messung besitzen. Dies führt zur Berücksichtigung verschiedener Kriterien (Kapitel 3.3.2), die unterschiedlich gewichtet werden (Kapitel 3.3.3). Auch bei der Interpretation der Zentralbankverfassungen ergeben sich Diskrepanzen (Kapitel 3.3.4).

3.3.1 UNTERSCHIEDE IN DER REIHENFOLGE DER LÄNDER

Die Konzepte kommen bei der Beurteilung desselben Sachverhaltes (rechtliche Unabhängigkeit) zum Teil zu unterschiedlichen Ergebnissen. Die Unterschiede in der Messung wären nicht so gravierend, wenn die jeweiligen Rangfolgen der Länder bei den verschiedenen Autoren übereinstimmten. Abbildung 1 (S. 39) zeigt graphisch die Position von zehn Industrieländern nach ihrer Unabhängigkeit in den vorgestellten rechtsbasierten Indizes an. Da die verschiedenen Indizes unterschiedliche Kriterien bei der Untersuchung der Unabhängigkeit berücksichtigen und gleichfalls über unterschiedliche Skalen verfügen, wurden nicht

ABBILDUNG 1: RÄNGE DER VERSCHIEDENEN LÄNDER

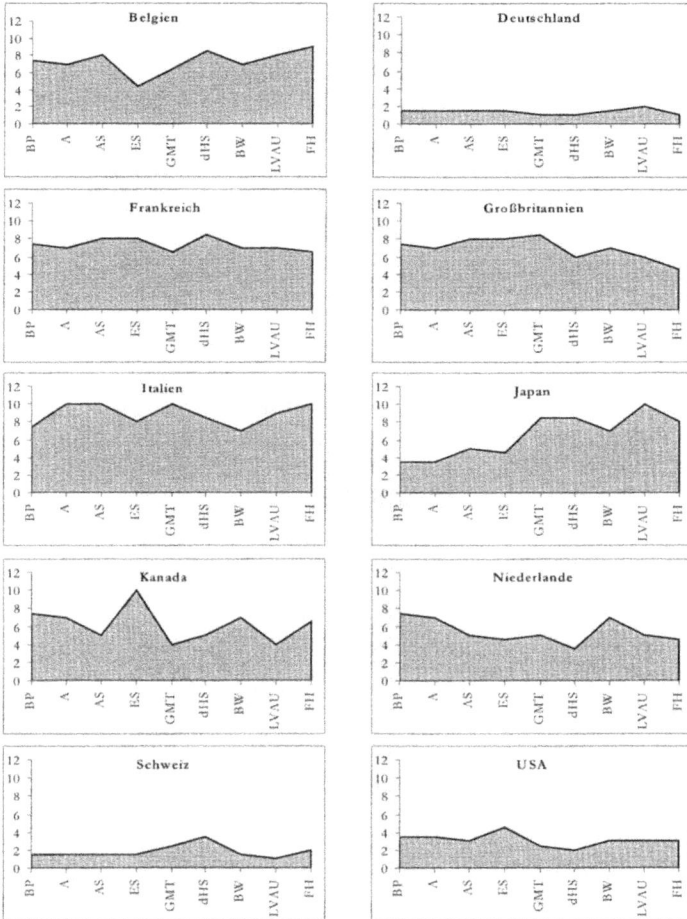

Quelle: Tabelle 12 (S. 78)

die aus den Konzepten resultierenden Werte sondern die jeweilige Plazierung der Länder der innerhalb des Konzeptes miteinander verglichen.[93] Es wurden nur die 10 Länder berücksichtigt, die in jedem der neun ausgewählten Indizes vorkommen.

---

[93] In den Fällen, in denen verschiedene Banken denselben Wert bekamen, wurde der Mittelwert der von Ihnen belegten Ränge ermittelt. Lagen zum Beispiel drei Länder zwischen Platz drei und Platz fünf, erhielten alle drei Rang vier.

TABELLE 1:
RANGKORRELATIONEN DER EINZELNEN INDIZES NACH PEARSON

	BP	ES	AS	A	GMT	dHS	BWW	LVAU	FH
BP	1,00	0,81	0,85	0,95	0,63	0,58	0,88	0,55	0,66
ES	–	1,00	0,71	0,80	0,56	0,52	0,75	0,44	0,58
AS	–	–	1,00	0,91	0,88	0,83	0,83	0,80	0,83
A	–	–	–	1,00	0,72	0,63	0,84	0,62	0,75
GMT	–	–	–	–	1,00	0,87	0,81	0,91	0,82
dHS	–	–	–	–	–	1,00	0,77	0,90	0,90
BWW	–	–	–	–	–	–	1,00	0,81	0,81
LVAU	–	–	–	–	–	–	–	1,00	0,90
FH	–	–	–	–	–	–	–	–	1,00

Quelle: Berechnungen der Rangkorrelationen nach Pearson auf Basis der Werte in Tabelle 12 (S. 78).

Abbildung 1 zeigt einige Differenzen bei der Beurteilung der Unabhängigkeit der Zentralbanken. Die Differenz zwischen dem höchsten und dem niedrigsten Rang, der sich in den verschiedenen rechtsbasierten Indizes für Japan und Kanada ergibt, liegt bei sechseinhalb bzw. sechs Positionen, bei den Niederlanden sind es immerhin vier Positionen Unterschied. Das macht für Kanada und Japan bei zehn berücksichtigten Ländern eine Diskrepanz der Einordnung von 65% bzw. 60% aus.

Die in Tabelle 1 durchgeführten Rangkorrelationen unterstreichen die Unterschiede zwischen den Indizes bei der Einteilung der hier berücksichtigten zehn Länder. Bei einer genauen Übereinstimmung der Ränge, die den Zentralbanken der einzelnen Länder zugeteilt wurden, würde der Korrelationskoeffizient einen Wert von 1 annehmen. Es wird deutlich, daß v.a. LVAU und ES schlecht mit den anderen Indizes korrelieren. Die Korrelation zwischen den beiden Indizes beträgt sogar lediglich 0,44. Bei Einschluß weiterer Länder wären die Korrelationen zwischen den einzelnen Indizes noch geringer.[94] Die Anwendung alternativer statistischer Verfahren in anderen Studien führt ebenfalls zu noch geringeren Werten. Eijffinger/de Haan (1996: 25) errechnen einen Korrelationskoeffizienten zwischen LVAU und ES von 0,2. Zwischen GMT und ES liegt er bei 0,36 und zwischen LVAU und GMT bei 0,52.[95]

---

[94] So liegen zum Beispiel die Einordnungen von Griechenland durch LVAU und GMT weit auseinander. Griechenland nimmt im Gesamtindex von GMT mit einem Wert von 4 den drittletzten Platz ein. Bei LVAU (Wert 0,51) liegt es dagegen relativ weit oben.

[95] Bei den vom Verfasser vorgenommenen Rangkorrelationsanalysen zwischen den Einordnungen der zehn in der Tabelle 12 (S.78) berücksichtigten Ländern wurde die Methode nach Pearson gewählt. Diese Methode liefert im allgemeinen höhere Werte als die von Eijffinger/Schaling (1996: 25) durchgeführten Korrelationen nach Spearman oder Kendall.

Die Ursachen für die deutlichen Unterschiede in der Einschätzung der Unabhängigkeit der Zentralbanken werden in den folgenden Kapiteln näher betrachtet. Neben diesen Unterschieden gibt es jedoch auch Übereinstimmungen. Deutschland und die Schweiz werden durchgängig als die Länder mit den unabhängigsten Zentralbanken eingestuft. Auch die *Federal Reserve Bank* der USA wird von allen Indizes als relativ unabhängig eingeschätzt. Über die letzten Plätze herrscht ebenfalls, zumindest bei den zehn hier zugrundegelegten Ländern, relative Übereinstimmung: Italien nimmt nur bei LVAU nicht den letzten Platz ein. Davor liegen Großbritannien und Frankreich.[96] Bei den anderen Ländern dagegen wechselt die Einordnung der Länder stark ab. Speziell die Einordnung Japans hat zu vielen Diskussionen geführt. So ordnen Bade/Parkin (1985) Japan nach der Unabhängigkeit der Zentralbank zusammen mit den USA gleich hinter Deutschland und der Schweiz ein, was angesichts der japanischen Zentralbankverfassung äußerst fraglich ist.[97] In späteren Studien wird die Zentralbank Japans dann auch als deutlich abhängiger eingeschätzt: Bei Eijffinger/Schaling (1993) liegt sie im Mittelfeld, bei Cukierman (1992a) nimmt sie den letzten Platz unter den hier ausgesuchten zehn Zentralbanken ein.[98]

Ein Vergleich der Länderreihenfolgen der rechtsbasierten Indizes mit den verhaltensbasierten Indizes von Cukierman/Webb/Neyapti (1992) und Cukierman/Webb (1995) ergibt weder beim Wechsel der Zentralbankpräsidenten (TURN) noch bei deren politisch bedingtem Wechsel (VUL) eine nennenswerte Übereinstimmung. Dieses liegt v.a. daran, daß die Wechsel der Zentralbankpräsidenten in den Industrieländer relativ selten sind, und somit beide Indizes stark an Aussagekraft verlieren.

Der Vergleich der Reaktionsfunktionen mit den rechtsbasierten Indizes hat zu eher gemischten Ergebnissen geführt. Fry (1998) und Siklos (1995) finden in den Entwicklungsländern keinen Zusammenhang zwischen dem autonomen Verhalten der Zentralbanken und den Indizes. Dies bestätigt die in Kapitel 3.2 angestellten Überlegungen, nach denen es unwahrscheinlich ist, daß die gesetzliche Unabhängig-

---

[96] Aber Forder (1999: 34-35) zeigt für die Indizes A, GMT und LVAU, daß die Übereinstimmung über die letzten Plätze bei der Berücksichtigung weiterer Ländern nicht mehr so eindeutig ist.

[97] Die Verfassung zeigt eindeutig, daß per Gesetz über keine Entscheidungsunabhängigkeit in der Geldpolitik verfügt und Regierungsvertreter im Entscheidungsgremium sitzen. (siehe Eijffinger/Schaling 1993: 78). Daß die institutionellen Rahmenbedingungen ihr einen großen Spielraum gelassen haben, und sie einen gewissen Grad an Autonomie von dem weisungsbefugten Finanzministerium erreicht hat, ändert nichts an der Tatsache, daß sie per Gesetz einen deutlich abhängigeren Status aufweist, als dies die Einordnung von Bade und Parkin wiedergibt. Abbildung 1 (S. 39) zeigt, daß die anderen Studien die gesetzliche Unabhängigkeit der Zentralbank von Japan deutlich geringer einschätzen. Siehe auch Kapitel 4.2.

[98] Auch bei Berücksichtigung aller Industrieländer belegt Japan den vorletzten Platz. Nur die Zentralbank Norwegens wird von Cukierman als abhängiger eingeschätzt (Cukierman 1992a: Tabelle 19.3 auf S. 381).

keit einen zuverlässigen Indikator für die tatsächliche Unabhängigkeit in Entwicklungsländern darstellt. Allerdings können Johnson/Siklos (1994) diesen Zusammenhang auch für 18 OECD-Länder nicht bestätigen. Banaian/Laney/Willett (1986) und Eijffinger/Van Rooij/Schaling (1996) dagegen finden eine statistisch signifikante Übereinstimmung zwischen ihren Reaktionsfunktionen und den rechtsbasierten Konzepten.

3.3.2 UNTERSCHIEDE IN DEN ZUR MESSUNG HERANGEZOGENEN KRITERIEN

Insgesamt verdeutlichen die Unterschiede in der Einschätzung der Unabhängigkeit der Zentralbanken, daß bei den Autoren wenig Übereinstimmung darüber herrscht, was die gesetzliche bzw. tatsächliche Unabhängigkeit der Zentralbank im Detail ausmacht und wie diese gemessen werden soll.[99] Dies liegt zum Teil an der geringen theoretischen Fundierung der Studien. Selten definieren und begründen die Autoren ihr Verständnis von Zentralbankunabhängigkeit ausführlich (Banaian/Burdekin/Willett 1998: 1-5).

Daraus resultiert eine Berücksichtigung unterschiedlicher Kriterien bei der Messung der Unabhängigkeit. Viele Unterschiede in den Ergebnissen der Indikatoren A, AS, BP, BW, ES, GMT und LVAU sind darauf zurückzuführen, daß LVAU und GMT neben der institutionellen und persönlichen Unabhängigkeit auch die Aufgaben der Geldpolitik und die instrumentelle Unabhängigkeit der Zentralbank berücksichtigen (siehe auch Tabelle 2, S. 46, und Tabelle 14, S. 80). Aber auch zwischen diesen beiden ausführlicheren Indizes (LVAU, GMT) gibt es deutliche Unterschiede bei den zur Messung herangezogenen Faktoren. Mangano (1998: 478) findet bei einem Vergleich der beiden Indizes heraus, daß 40% der Kriterien, die in GMT als wichtig erachtet werden, in LVAU keine Berücksichtigung finden. Im umgekehrten Falle sind es sogar 45%. Betrachtet man die Gewichtung der Kriterien innerhalb der jeweiligen Indizes, so finden 46,7% der die Unabhängigkeit nach GMT konstituierenden Kriterien keine Beachtung in LVAU.[100]

Bezüglich dieser beiden Indizes stellt sich außerdem die Frage, ob alle Kriterien wirklich eindeutig hinsichtlich der Unabhängigkeit der Zentralbank interpretierbar sind. In Kapitel 3.1.5 wurde schon darauf hingewiesen, daß die in GMT enthaltenen Fragen bezüglich der Bankenaufsicht und einige Fragen hinsichtlich der Kreditver-

---

[99] Siehe auch Banaian/Burdekin/Willett (1995; 1998), Eijffinger/De Haan (1996), Fernández de Lis (1996), Forder (1996) und Mangano (1998).

[100] GMT beachtet 37,5% der in LVAU berücksichtigten Kriterien nicht. Die Werte ergeben sich aus der Berücksichtigung der Gewichtung der Fragen in den Indizes. In LVAU werden sechs Fragen nicht beachtet, die in GMT einfließen, also durch die Doppelgewichtung der Frage nach der Bankenaufsicht 7/15. GMT ignoriert sieben Fragen von LVAU, die sich auf 3/8 addieren.

gabe an den Staat nicht unumstritten sind. Die von Neumann geäußerte Kritik an Elementen der Kreditvergabe läßt sich auch auf Cukierman (1992a) beziehen. Ebenso ist die Frage Cukiermans, ob die Zentralbank an der Formulierung des Regierungsbudgets beteiligt ist, nicht eindeutig bezüglich der Unabhängigkeit zu bewerten.

Neben den Differenzen in den Indizes, die sich durch die Berücksichtigung unterschiedlicher Fragen ergeben, stehen die, welche sich durch unterschiedliche Formulierungen der Fragen ergeben. So herrscht etwa keine Einigkeit darüber, ob (i) die Ernennung des Präsidenten (LVAU), der Zentralbankleitung (z.B.: BP, ES) oder beider (GMT) wichtig für die Messung der Unabhängigkeit der Bank ist. Es ist jedoch anzunehmen, daß der Ernennung der Instanz, die über die Geldpolitik entscheidet, die höchste Bedeutung für die Messung der Unabhängigkeit zukommt. Da in den meisten Ländern die Zentralbankleitung geldpolitische Entscheidungen per Mehrheitsvotum trifft (Neumann 1996: 5), dürfte ihre Ernennung für die Unabhängigkeit der Zentralbank in diesen Ländern eine größere Rolle spielen als die des Präsidenten.[101]

Aber auch bezüglich der Ernennungsmodalitäten herrscht keine Einigkeit zwischen den Autoren, die alternativ die Zentralbank c.p. als unabhängiger ansehen, wenn die Regierung nicht alle (BP, ES), nicht die Mehrheit (BW) oder gar kein Mitglied (GMT) der Zentralbankleitung ernennt. Sicherlich ist die Zentralbank von der Regierung bezüglich des Kriteriums der Ernennung als unabhängig anzusehen, wenn die Regierung nicht an der Ernennung der Zentralbankleitung teilnimmt. Wie in Kapitel 2.2.1 dargestellt ist es jedoch fraglich, ob eine Abhängigkeit der Zentralbank von anderen Instanzen einer Abhängigkeit von der Regierung vorzuziehen ist.[102] Da es v.a. wichtig ist, einen einseitigen Einfluß auf die Besetzung der Zentralbankleitung zu verhindern, sollte die Frage eher auf einen Ernennungs- pluralismus abzielen (Weber 1995: 1538-45). Bezüglich der Ernennungsmodalitäten sei weiterhin auf die Amtsdauer verwiesen. Eine lange Amtszeit ist nur positiv im Sinne der Zentralbankunabhängigkeit zu werten, wenn ein Schutz vor willkürlicher Entlassung gewährleistet ist. Dies sollte bei der Interpretation der Fragen zur Amtsdauer mitberücksichtigt werden.[103]

---

[101] Wenn der Zentralbankrat, wie im Falle Italiens, Entscheidungen lediglich implementiert, aber nicht trifft (Europäisches Währungsinstitut 1998), dürften seine Ernennungsmodalitäten von geringerer Bedeutung sein als die des Zentralbankpräsidenten, der die Geldpolitik formuliert.

[102] Neumann (1996: 5) weist im Falle Italiens und Griechenlands darauf hin, daß in beiden Ländern die Regierung die Mitglieder der Zentralbankleitung nicht direkt ernennt, de facto aber die Gremien dominiert, die diese Ernennungen vornehmen.

[103] Bei der Einordnung der Amtsdauer des Präsidenten in Italien durch GMT scheint nicht berück- sichtigt worden zu sein, daß der Zentralbankpräsident zwar über eine nicht näher definierte Amtszeit verfügt, aber auch jederzeit vom Zentralbankrat in Übereinstimmung mit dem

Bei einem Vergleich der theoretischen Diskussion über die konstituierenden Elemente der Zentralbankunabhängigkeit mit den Kriterien, die in den rechtsbasierten Indizes berücksichtigt werden, fällt auf, daß diese einige der aufgeworfenen Fragen nicht beachten. Dies liegt zum Teil daran, daß sich die Länder in einigen Punkten kaum oder gar nicht unterscheiden. Dies ist zum Beispiel bei der Frage nach dem Verfassungsrang der Zentralbankgesetze der Fall. Lediglich die Verfassung der neu gegründeten Europäischen Zentralbank (EZB) kann eine Art konstitutionellen Status vorweisen.[104] Auch die Entscheidungsautorität über eine Teilnahme an einem Wechselkurssystem ist meist in den Händen der Politik geblieben (Kißmer/Wagner 1998: 20). Generell erscheint es schwierig, Fragen der Autorität in der Wechselkurspolitik mit weiteren Aspekten der Zentralbankunabhängigkeit in Verbindung zu bringen.[105] So wird eine unabhängige Zentralbank, die über keine Autorität in Fragen der Wechselkurspolitik verfügt, solange unabhängig bleiben, wie das Land keinem Wechselkursregime angehört. Die Verpflichtung der Zentralbank auf die Stabilisierung des Wechselkurses schränkt allerdings die Aussagefähigkeit ihrer rechtlichen Unabhängigkeit stark ein.[106] Bei der Untersuchung von Auswirkungen der Unabhängigkeit von Zentralbanken sollte also die etwaige Teilnahme eines Landes an einem Wechselkurssystem oder die einseitige Bindung an eine andere Währung berücksichtigt werden.

Da die Motivation der Messung der Unabhängigkeit in der Überprüfung von aus der Theorie gewonnenen Hypothesen über den Einfluß der Unabhängigkeit auf die Inflation und andere wirtschaftliche Größen besteht, sollte die Zusammensetzung der die Unabhängigkeit konstituierenden Kriterien eine möglichst genaue

---

Finanzminister abgesetzt werden kann (Eijffinger/Schaling 1993; Europäisches Währungsinstitut 1998).

[104] Durch die Verankerung im Vertrag von Maastricht sind die Statuten der Zentralbank lediglich einstimmig veränderbar.

[105] Aspekte, die Wechselkursregime betreffen, werden nur von zwei der hier berücksichtigten Autoren direkt zur Bewertung der Zentralbankunabhängigkeit herangezogen: (i) Siklos (1995) ergänzt in einer Studie über fünf lateinamerikanische Länder den Index LVAU u.a. um die Variable *forex*, die unterschiedliche Beteiligungsmöglichkeiten der Zentralbank bei der Festlegung und/oder Änderung von Wechselkursbindungen berücksichtigt. (ii) Lybek (1999), der die Unabhängigkeit der Zentralbank in den Staaten der ehemaligen Sowjetunion untersucht.

[106] Hierbei kann diese Verpflichtung für die Unabhängigkeit der Geldpolitik durchaus förderlich sein, wenn sich die Zentralbank gegenüber der Regierung durch Berufung auf die Bindung an eine „harte" Währung gegen inflatorischen Druck wehren kann. Viele Entwicklungs- und Schwellenländer versuchen, durch eine Bindung ihrer Währung an eine Auslandswährung Geldwertstabilität im Inland und das Vertrauen des Auslandes zu gewinnen (Anyadike-Danes 1995; Siklos 1995). Wie die Erfahrung Deutschlands im System von Bretton Woods gezeigt hat, kann die Teilnahme an einem Wechselkurssystem jedoch auch zu einer importierten Inflation führen. Mehrere Aufwertungen der DM wurden nötig, damit die aus den Interventionsverpflichtungen innerhalb des BWS entstehenden inflatorischen Impulse die deutsche Inflationsrate nicht in die Höhe trieben (Bofinger/Reischle/Schächter 1996: 608). Siehe auch Jarchow (1995) und Isard (1995).

Annäherung an die in der Theorie unterstellte tatsächliche Unabhängigkeit darstellen. Daher ist es wichtig, bei der Messung der formalen (rechtlichen) Unabhängigkeit der Zentralbank darauf zu achten, daß berücksichtigte, rechtliche Kriterien sich aus der theoretischen Diskussion ableiten lassen. Da die theoretische Diskussion unabhängig davon, ob sie dies mit polit-ökonomischen Argumenten oder mit der Zeitinkonsistenz-Debatte begründet, die Geldpolitik explizit vor kurzfristigen inflatorischen Interessen der Politik schützen will (siehe Kapitel 2.1), gehören zu den wesentlichen Faktoren der Unabhängigkeit einer Zentralbank neben der geldpolitischen Entscheidungsfreiheit und den Ernennungsmodalitäten auch die Verpflichtung auf Geldwertstabilität und Faktoren der instrumentellen Unabhängigkeit, die diese Aufgabe unterstützen. Je mehr Elemente jedoch berücksichtigt werden, desto mehr stellt sich die Frage nach deren Gewichtung. Wie wenig hierbei die meisten Autoren auf die zum Teil nur relative Bedeutung der einzelnen Elemente der Zentralbankunabhängigkeit und deren Wechselwirkungen untereinander eingehen, soll im folgenden geklärt werden.

3.3.3 UNTERSCHIEDE IN DER GEWICHTUNG DER KRITERIEN

Die geringe Berücksichtigung der Gewichtung einzelner Kriterien ist v.a. bei den ausführlichen Indizes von Cukierman (1992a) und Grilli/Masciandaro/Tabellini (1991) kritisiert worden, da sie zu einer Vernachlässigung der sich aus der theoretischen Diskussion ergebenden zentralen Elemente der Unabhängigkeit der Notenbank in diesen Indizes führen. Stellvertretend seien hier Banaian/Burdekin/Willett (1995: 179) zitiert, die feststellen, daß „much of the literature has relied upon adding up scores on a number of facets of central bank institutional arrangements without carefully considering the interrelationships between them", und zu dem Schluß kommen, daß „(...) in the absence of either freedom from government override and/or a clear monetary stability mandate, such considerations as the lengths of office for central bank officials and financial arrangements between central bank independence and treasury would be of little, if any, importance in influencing inflation performance." (S. 189).

Auch die Zentralbanker selber scheinen diese Sichtweise zu bestätigen. Masciandaro/Spinelli (1994: 440-442) finden in einer Befragung von „ten major central banks" heraus, daß von den Kriterien die von GMT berücksichtigt werden, die den Fragen nach der geldpolitischen Entscheidungsfreiheit, dem Vorhandensein eines Geldwertstabilitätsmandats und der Frage, ob die Zentralbank den Diskontsatz setzt, mit Abstand die meiste Bedeutung zugeteilt wurden. Aus den bisherigen Überlegungen wird deutlich, daß trotz aller Schwierigkeit der Gewichtung der einzelnen Kriterien, die immer auch subjektiven Gesichtspunkten folgt, die für die

TABELLE 2:
GEWICHTUNG DER EINZELNEN KRITERIEN IN DEN INDIZES

	BP	ES	BW	GMT	LVAU	LVAW
Maximale Punktzahl	4	5	3	16	1	1
Ziele und Aufgaben	–	–	–	2 (13%)	0,13 (13%)	0,15 (15%)
Geldwertstabilität				1 (6%)	0,13 (13%)	0,15 (15%)
Bankenaufsicht				1 (6%)	–	–
Instititutionelle Unab.	2,67 (67%)	3,75 (75%)	1,5 (50%)	3 (19%)	0,13 (13%)	0,15 (15%)
Entscheidungsunab.	1,33 (33%)	2,5 (50%)	1,5 (50%)	1 (6%)	0,03 (3%)	0,04 (4%)
Konfliktregulierung	–	–	–	1 (6%)	0,07 (7%)	0,08 (8%)
Regierungsvertreter	1,33 (33%)	1,25 (25%)	–	1 (6%)	–	–
Regierungsbudget	–	–	–	–	0,03 (3%)	0,04 (4%)
Personelle Unab.	1,33 (33%)	1,25 (25%)	1,5 (50%)	4 (25%)	0,13 (13%)	0,2 (20%)
Instrumentelle Unab.	–	–	–	7 (44%)	0,63 (63%)	0,5 (50%)
Instrumente				1 (6%)	–	–
Kreditvergabe				4 (25%)	0,59 (59%)	0,48 (48%)
Primärmarkt				2 (13%)	0,03 (3%)	0,03 (3%)

Quelle: Berechnungen des Verfassers auf Grundlage der vorgestellten Indizes

Unabhängigkeit der Zentralbank im eigentlichen Sinne entscheidenden Faktoren nicht in den Hintergrund treten dürfen.

Die meisten frühen Versuche zur Messung von Zentralbankunabhängigkeit zählen die einzelnen Kriterien einfach zusammen. Dieses Vorgehen bedeutet jedoch nicht, daß auf eine Gewichtung verzichtet wird, da es impliziert, daß alle Kriterien im gleichen Maße zur Unabhängigkeit der Bank beitragen. Bei GMT ist eine Zentralbank mit geldpolitischer Entscheidungsfreiheit aber ohne Geldwertstabilitätsmandat c.p. genauso unabhängig wie eine von der Regierung abhängige Zentralbank mit Geldwertstabilitätsmandat. Insgesamt führt die Gewichtung der einzelnen Kriterien dazu, daß die Fragen nach dem Vorhandensein eines Geldwertstabilitätsmandats und der instrumentellen Unabhängigkeit bei GMT 50%, bei LVAW 65% und bei LVAU sogar 75% ausmachen. Die Fragen der instrumentellen Unabhängigkeit nehmen bereits 44% bzw. 50% bzw. 63% ein (siehe Tabelle 2, S. 46). Demgegenüber steht eine Gewichtung der geldpolitischen Entscheidungsfreiheit von 6% bei GMT, 5% bei LVAW und 3% bei LVAU.[107]

---

[107] Zählt man Fragen wie die Anwesenheit eines (stimmberechtigten) Regierungsvertreters oder Regelungen zur Konfliktlösung zwischen Regierung und Zentralbank mit zu den Aspekten der geldpolitischen Entscheidungsautonomie, errechnet sich für GMT ein Gewicht von 18%, für

Dieses geringe Gewicht läßt sich jedoch kaum mit der theoretischen Diskussion über die Zentralbankunabhängigkeit vereinbaren, die das Verbot der Kreditvergabe an die Regierung eher als komplementierendes denn als substantielles Element bewertet. Die Beachtung vieler Detailregelungen ist für eine differenzierte Beurteilung der Zentralbankunabhängigkeit sicherlich hilfreich, diese sollten jedoch entsprechend ihrer relativen Bedeutung für die Unabhängigkeit der Zentralbank in die Indizes eingehen.

Eijffinger/Schaling (1993) und Burdekin/Willett (1991) hingegen schenken der Frage nach der geldpolitischen Entscheidungsfreiheit mehr Bedeutung. Eijffinger und Schaling gewichten sie doppelt so stark wie die Fragen nach der Ernennung des Entscheidungsgremiums der Zentralbank und dem Vorhandensein eines Regierungsvertreters. Burdekin und Willett interpretieren die Unabhängigkeit der Zentralbank in qualitativen Schritten. Die Ernennungsmodalitäten des Entscheidungsgremiums werden nur in den Fällen berücksichtigt, in denen die Bank auch über Entscheidungsautonomie verfügt, da die Ernennung der einzelnen Zentralbankmitglieder im Falle einer Weisungsgebundenheit der Zentralbank lediglich von geringer Bedeutung sein dürfte.

3.3.4 Unterschiede in der Interpretation der Zentralbankverfassungen

Deutliche Unterschiede gibt es auch bei der Interpretation der Zentralbankverfassungen durch die verschiedenen Autoren. Auf die Widersprüche zwischen den beiden Versionen der Studie von Bade und Parkin ist schon in Kapitel 3.1.1 hingewiesen worden. Oftmals bezieht sich die Kritik des weiteren auf die Interpretation der Zentralbankverfassungen in den verschiedenen Indizes. Um nur ein paar zu nennen: Alesina (1988; 1989) verändert die Einteilung Italiens durch Bade/Parkin (1985). Malinvaud (1991) kritisiert in seinem Kommentar der Studie von Grilli/Masciandaro/Tabellini (1991) die Einordnung Frankreichs. Eijffinger/De Haan (1996) korrigieren die Bewertung der Niederlande durch Cukierman (1992a). Cargill (1995) widerspricht der Einordnung Japans durch Bade/Parkin (1985). Im folgenden sollen jedoch die Interpretationsunterschiede zwischen den einzelnen Konzepten dargestellt werden:

In den beiden Kriterien, die die Studien von Bade/Parkin (1985), Eijffinger/Schaling (1993; 1995) und Grilli/Masciandaro/Tabellini (1991) gemein haben – Präsenz eines Regierungsvertreters in der Zentralbankleitung und geldpolitische

---

LVAU 10% und LVAW 12%, was gegenüber der Gewichtung der Fragen zur Kreditvergabe immer noch sehr gering erscheint.

Entscheidungsautonomie der Zentralbank[108] – widersprechen sich (i) GMT und BP in der Einordnung von Belgien, Frankreich, Japan und den Niederlanden (Eijffinger/Schaling 1995: 200). (ii) ES und BP in der Einordnung von Belgien, Japan, Kanada, den Niederlanden und den USA (Eijffinger/Schaling 1995: 203) und (iii) ES und GMT bei der Interpretation der Zentralbankverfassungen von Belgien, Frankreich, Japan und den USA. Dies sind bei zwei Kriterien und elf Ländern erhebliche Unterschiede.

Auch die beiden Indizes von Cukierman (1992a) und Grilli/Masciandaro/Tabellini (1991) weisen deutliche Interpretationsunterschiede auf. Mangano (1998) findet bei einem ausführlichen, systematischen Vergleich der beiden Indizes heraus, daß sie sich in den neun gemeinsamen Kriterien bei 17 Ländern im Durchschnitt fast zu einem Drittel widersprechen.[109] Besonders deutlich wird dies bei der Frage, ob die Zentralbank Staatstitel im Primärmarkt kaufen kann: Grilli/Masciandaro/Tabellini und Cukierman stimmen hier in ihrer Interpretation bei 10 von 17 Ländern (59%) nicht überein. In bezug auf Dänemark, Frankreich, Griechenland und Japan kommen sie bei 44% der Kriterien zu unterschiedlichen Ergebnissen. Nur in einem Land (Italien) und in einem Kriterium (Amtsdauer des Zentralbankpräsidenten) widersprechen sich die beiden Studien bei der Interpretation der ihnen gemeinsamen Kriterien nicht (Mangano 1998: 476-478).

Ein Grund für die Unterschiede zwischen den Studien liegt in der unterschiedlichen Herangehensweise bei der Interpretation der Notenbankgesetze. Cukierman (1992a: 371) verdeutlicht, daß er bei seinem Ansatz zur Messung der Zentralbankunabhängigkeit die vielen verschiedenen gesetzlichen Regelungen der relevanten Bereiche der Zentralbankverfassungen berücksichtigt: „(...) a code of independence is assigned to each central bank for each characteristic." So gibt es z.B. bei der Frage nach den Zielen der Geldpolitik sechs mögliche, bewertete Antworten (siehe auch Tabelle 9 S. 74). In den anderen Studien ist dagegen der Spielraum zur Beurteilung der Gesetze viel größer, da die verschiedenen Kriterien entweder erfüllt sein können oder nicht.

Ein weiterer Grund für Unterschiede in der Beurteilung einzelner Kriterien ist die unterschiedliche Nähe der Interpretationen zu den Zentralbankgesetzen. Cukierman (1992a: 371-372) stellt eindeutig klar, daß er eine Einschätzung der Unabhängigkeit

---

[108] Alle drei untersuchen auch die Ernennungsmodalitäten der Zentralbankleitung. Die Vergleichbarkeit der Interpretation bei den drei Studien wird jedoch dadurch erschwert, daß Grilli/Masciandaro/Tabellini (1991) ihre Frage anders formulieren.

[109] Um die Fragen bezüglich der neun gleichen Kriterien vergleichbar zu machen, änderte Mangano (1998: 472-475) die Formulierung einiger Fragen sowie die graduelle Bewertung durch Cukierman in eine binäre. Sicherlich kann das Vorgehen von Mangano in einigen Punkten kritisiert

nach dem Wortlaut der Gesetzestexte vornimmt und hierbei „additional information on how the law is applied" bewußt nicht berücksichtigt. Auch Grilli/Masciandaro/Tabellini (1991) halten sich weitgehend an die Gesetzestexte.[110] Bei den anderen Autoren fließen implizit oder explizit auch zusätzliche Informationen mit ein. Dies wird etwa bei dem Vergleich zwischen den beiden Studien von Bade und Parkin ebenso deutlich wie bei Alesinas (1988) Änderung der Bewertung Italiens gegenüber Bade/Parkin (1985). Eijffinger/Schaling (1993: 51) dagegen stellen klar, daß sie die Unabhängigkeit der Zentralbank auf Basis der Gesetze beurteilen, aber bewußt auch Informationen über die Anwendung der Gesetze mit einfließen lassen. So begründen sie ihre Einordnung der Zentralbank der Niederlande als geldpolitisch unabhängige Institution damit, daß das Recht des Finanzministers, der Zentralbank Direktiven zu geben, lediglich formal bestehe, die Durchführung sehr kompliziert und das Recht bisher noch nie genutzt worden sei. (Eijffinger/Schaling 1993: 74-75) Ähnliches gilt für die Zentralbank Japans, die trotz des eindeutigen formalen Rechtes des Finanzministers, der Bank Instruktionen zu erteilen, als „halb" entscheidungsautonom eingestuft wird.[111] Auf die Widersprüche, die sich bei Eijffinger und Schaling bezüglich der Einordnung der Länder nach der Anwesenheit eines Regierungsvertreters ergeben, ist schon in Kapitel 3.1.4 hingewiesen worden.

Als schwierig erweist sich die Interpretation von Vetorechten,[112] die eher formalen Charakter besitzen. Die Beeinflussung der Unabhängigkeit der Zentralbank ist schwer vorherzusagen, wenn diese Vetorechte nie angewandt worden sind (wie im Beispiel Kanadas, der Niederlande und Österreichs) oder aufschiebenden Charakter besitzen (wie in Deutschland bis Ende 1997[113]) (Banaian/Burdekin/Willett 1995; Eijffinger/Schaling 1993). Auf der einen Seite könnte die Tatsache, daß die Vetorechte nicht angewandt wurden, bedeuten, daß sich die Zentralbank im Laufe

---

werden, seine Ergebnisse werden im wesentlichen jedoch nicht von dieser möglichen Einzelkritik in Frage gestellt.

[110] Auch sie postulieren, daß sie sich „exclusively on institutional features" konzentrieren (Grilli/Masciandaro/Tabellini 1991: 203). So wird zum Beispiel die Zentralbank Italiens als geldpolitisch abhängig eingestuft, obwohl die notwendige Bestätigung geldpolitischer Beschlüsse durch die Regierung laut ihrer Aussage lediglich formalen Charakter besitzt.

[111] (Eijffinger/Schaling 1993: 78) schreibt in der Beurteilung der japanischen Zentralbankverfassung: „Although the Minister of Finance, formally, has the right to give instructions, in practice this right has never been used as a result of the regular, informal contacts between the Bank management and the government. With respect to its main goal, price stability, the actual influence of the Bank is much greater than what is legally defined."

[112] Diese Darstellungen beziehen sich sinngemäß auch auf gesetzliche Regelungen, die es der Regierung erlauben, der Zentralbank Direktiven bzw. Instruktionen zu erteilen.

[113] Das Recht der Regierung, Entscheidungen der Zentralbank bis zu zwei Wochen aufzuschieben, wurde durch das Sechste Gesetz zur Änderung des Gesetzes über die Deutsche Bundesbank vom 22. Dezember 1997 gestrichen, um die Vorgaben des Gemeinschaftsrechts für eine Teilnahme an der Stufe drei der Währungsunion zu erfüllen (Deutsche Bundesbank 1998).

der Zeit eine stark unabhängige Stellung erarbeitet hat. Auf der anderen Seite könnte allein die Möglichkeit des Vetos dazu führen, daß sich die Zentralbank nicht allzu weit von den Vorstellungen der Regierung entfernt.[114] Leider werden diese Aspekte von den einzelnen Studien, in denen die Indizes zur Messung der Unabhängigkeit der Zentralbanken erstellt werden, nicht systematisch angegangen. Im Falle Cukiermans ist klar, daß er die der Interpretation von Vetorechten inhärenten Schwierigkeiten durch alleinige Berücksichtigung der gesetzlichen Regelungen umgeht. Bei den anderen Autoren bleibt die Einordnung, wie bereits dargestellt, immer auch subjektive Interpretation. Lediglich Banaian/Burdekin/Willett (1995: 182) schlagen ein systematisches Verfahren für die Einordnung von Vetorechten vor: Länder, in denen „(...) the government has discretionary power to issue directives to the central bank, but only in a public manner that is likely to be politically costly (...)" bewerten sie als teilweise geldpolitisch unabhängig. Laut Banaian/Burdekin/Willett (1995: 182-185) können Kanada, die Niederlande[115], Österreich[116] und Neuseeland[117] nach der Zentralbankreform 1989 zu den Zentralbanken gezählt werden, die in ihrer Unabhängigkeit durch die Vetorechte der Regierung nur teilweise eingeschränkt sind, da diese politisch kostspielig sind und so die Wahrscheinlichkeit ihrer Anwendung relativ gering ist.

3.4 ZUSAMMENFASSENDE KRITIK AN DEN KONZEPTEN ZUR MESSUNG DER UNABHÄNGIGKEIT VON ZENTRALBANKEN

Die Darstellung der wesentlichen Elemente der Unabhängigkeit von Zentralbanken in Kapitel 2.2 und die Vorüberlegungen zur Vorstellung der rechts- und verhaltens-

---

[114] Daß die Zentralbank den Status ihrer eigenen Unabhängigkeit nicht in Gefahr bringen wird, und daher in ihrer Geldpolitik Kompromißbereitschaft gegenüber der Politik zeigt, wird sowohl von Vertretern der Neuen Institutionenökonomie (Fratianni/von Hagen/Waller 1997; Willeke 1993), als auch von Vertretern der Bürokratietheorie (Acheson/Chant 1973; Toma 1986) betont.

[115] In den Niederlanden kann die Zentralbank im Fall eines die Geldpolitik betreffenden Erlasses seitens des Finanzministers Beschwerde einlegen. Die Ergebnisse der Streitschlichtung werden dann veröffentlicht. (Banaian/Burdekin/Willett 1995; Europäisches Währungsinstitut 1998).

[116] Im Falle Österreichs weisen Banaian/Burdekin/Willett (1995: 184) darauf hin, daß sich das formale Recht der Regierung, der Zentralbank Direktiven zu geben, lediglich auf Situationen bezieht, in denen die Bank die Erfüllung ihrer Aufgaben (Sicherung des inneren und äußeren Wertes der Währung) verletzt und daher deren Verpflichtung zur Sicherung des Geldwertes eher stärkt, als schwächt.

[117] In Neuseeland kann die Regierung die Notenbank durch Kabinettsbeschluß zwingen, von dem Geldwertstabilitätsziel abzuweichen. Es handelt sich hierbei um einen öffentlichen Vorgang, der vermutlich zu Debatten im Parlament und der Öffentlichkeit führen wird. Banaian/Burdekin/Willett (1995: 185) kommen daher zu dem Fazit, daß: „these transparency requirements make an override likely to be very costly politically (...)". Allerdings sei hinzugefügt, daß Regierung und Zentralbank das geldpolitische Ziel gemeinsam festlegen (Dawe 1990; Walsh 1995b).

basierten Indizes in den Kapiteln 3.1 und 3.2 haben gezeigt, daß die rechtliche Stellung der Zentralbank nicht mit ihrer wirklichen Stellung im wirtschaftspolitischen System übereinstimmen muß. Eine große Bedeutung für den Grad, mit dem die gesetzliche Unabhängigkeit auch ihre tatsächliche sichert und ihr eine auf die Stabilität des Geldwertes ausgerichtete Politik ermöglicht, spielen die institutionellen Rahmenbedingungen in einem Land (politische Stabilität, Rechtskultur, Entwicklung der Kapital- und Finanzmärkte). Aufgrund der großen Schwierigkeiten, die genannten informellen Aspekte zu quantifizieren, haben sich die meisten Versuche einer Messung der Unabhängigkeit von Zentralbanken darauf beschränkt, die rechtliche Unabhängigkeit als einen Annäherungswert für ihre tatsächliche Unabhängigkeit zu messen.

Daß aber mit der Konzentration auf die rechtliche Unabhängigkeit der Zentralbank die Schwierigkeiten der Messung keineswegs überwunden sind, hat die Vorstellung und der Vergleich der rechtsbasierten Konzepte, die sich in ihren Ergebnissen zum Teil deutlich unterscheiden, verdeutlicht. Viele der Indizes weisen Mängel und Widersprüche auf, die hier noch einmal zusammengefaßt werden sollen: (i) Bade/Parkin (BP) widersprechen sich in zwei Versionen ihrer Studie, ohne die Änderungen zu erläutern. Schwer nachvollziehbar ist die Einordnung Japans in der späteren Studie. (ii) Der Index von Alesina (A) ist durch die Änderung der Einordnung Italiens innerlich inkonsistent. (iii) Die Indizes von Alesina/Summers (AS) und Fratianni/Huang (FH) weisen aufgrund der Durchschnittsbildung lediglich eine geringe Aussagekraft auf. (iv) Eijffinger/Schalings Index (ES) wurde v.a. aufgrund der Behandlung der Frage zur Anwesenheit eines Regierungsvertreters im Entscheidungsgremium und einiger Interpretationen von Zentralbankverfassungen kritisiert. (v) Die ausführlichen Indizes von Cukierman bzw. Cukierman/Webb/Neyapti (LVAU, LVAW) und Grilli/Masciandaro/Tabellini (GMT) sind hinsichtlich der Auswahl und der Gewichtung der einzelnen Kriterien kritisiert worden, die zu einer relativ geringen Gewichtung der geldpolitischen Entscheidungsfreiheit in ihren Indizes führt. Die zentrale Beachtung dieses Kriterium ist aber gerade deswegen wichtig, da weitere Elemente der Unabhängigkeit, wie die Verpflichtung zur Sicherung des Geldwertes und die Ernennungsmodalitäten der Zentralbankleitung, nur dann die Unabhängigkeit der Zentralbank erhöhen können, wenn es der Zentralbank auch möglich ist, eine Politik zu führen, die nicht unbedingt mit den Wünschen der Regierung übereinstimmt. Dementsprechend sollte sich die Gewichtung der Elemente an dem Beitrag orientieren, den diese zur Unabhängigkeit der Zentralbank leisten. In diesem Zusammenhang sind die Indizes von Eijffinger/Schaling (1993) (ES) und Burdekin/Willett (1991) (BW) positiv hervorzuheben, da sie die geldpolitische Entscheidungsfreiheit als das zentrale Kriterium ihrer Indizes ansehen.

Die Besprechung der verhaltensbasierten Indizes hat gezeigt, daß auch sie nur über ein begrenztes Maß an Aussagekraft verfügen. Der Fragebogen von Cukierman (1992a) (QVAU) kann sicherlich wertvolle, die rechtsbasierten Indizes ergänzende Informationen liefern. Durch die Befragung von Zentralbankpersonal sollten die Ergebnisse jedoch nur mit Vorsicht interpretieren werden. Die Besprechung der beiden Indizes, die auf dem Wechsel der Zentralbankpräsidenten beruhen (TURN, VUL), hat gezeigt, daß diese zwar im Falle eines häufigen Wechsels mit hoher Wahrscheinlichkeit auf eine politische Beeinflussung der Bank hinweisen können, daß sie aber mit sinkender durchschnittlicher Anzahl der Wechsel stark an Aussagekraft verlieren.

Da das Ziel der Konzepte zur Messung der Unabhängigkeit von Zentralbanken in der Überprüfung von Hypothesen über den Zusammenhang zwischen der Unabhängigkeit und der wirtschaftlichen Entwicklung besteht, wäre ein objektives Kriterium wünschenswert, an dem die unterschiedliche Qualität der Indizes gemessen werden kann. Es ist notwendig zu überprüfen, welche Indizes die Unabhängigkeit der Zentralbank besser beschreiben als andere, und „wether the measure does in fact capture the empirical behavior called independent by the theory" (Forder 1999: 25).

Die in Kapitel 3.2.4 vorgestellten Studien, die mit Hilfe geldpolitischer Reaktions-funktionen untersuchen, ob es Unterschiede zwischen dem geldpolitischen Verhalten der mittels rechtsbasierter Indizes als unabhängig bzw. abhängig definierten Zentralbanken gibt, kommen zu keinem einheitlichen Ergebnis und können daher auch keine qualitative Aussage über die Güte der Indizes liefern. Auch der durchschnittliche Wechsel der Zentralbankpräsidenten (TURN) und der politisch bedingte Wechsel (VUL) können lediglich Hinweise darauf geben, daß in Entwicklungsländern die gesetzliche Unabhängigkeit der Zentralbanken nicht mit ihrer tatsächlichen übereinstimmt.

Der Zusammenhang mit der Inflationsrate sollte jedoch nicht, wie einigen Studien zumindest implizit unterstellen,[118] zur Überprüfung der Güte der Konzepte herangezogen werden (Forder 1999: 27; Walsh 1993: 296). Dieses dürfte nur geschehen, wenn ein Zusammenhang zwischen Zentralbankunabhängigkeit und

---

[118] So z.B. Cukierman (1992a: 419): „The turnover variable is insignificant and negative for the developed countries, but it remains significant and positive for the group of developing countries. This suggests that turnover is a better measure of actual independence in developing than in developed countries." Noch deutlicher wird dies bei seinem „overall index of 'inflation based' central bank independence" (S. 433) der schon durch seine Konstruktion die Korrelation mit der Inflationsrate maximiert (siehe auch Kapitel 3.1.7) Forder (1999: 27) weist darauf hin, daß auch die Zurückweisung des Index der finanziellen Unabhängigkeit von Bade/Parkin (1985) durch Alesina (1988) auf dessen schlechtere Korrelation mit der Inflationsrate zurückzuführen ist.

Inflation eine gesicherte Erkenntnis wäre; er stellt jedoch die Hypothese dar, die mit Hilfe der Konzepte überprüft werden soll. Werden die Konzepte zur Messung der Unabhängigkeit von Zentralbanken anhand ihrer Korrelation mit der Inflationsrate ausgewählt, so wird die Überprüfung der Auswirkungen der Unabhängigkeit auf die Inflationsrate zu einer Tautologie.

Aufgrund der Schwierigkeiten bei der Messung der Unabhängigkeit von Zentralbanken mittels rechtsbasierter Indizes lehnt Forder (1996: 44) diese prinzipiell ab:

> With all this in mind, it is quite clear that the reading of statutes is not a measure of independence required by the theory which suggests that independence is useful. The most it might provide is a measure of formal, legal independence. But such independence is not economically significant. There is no theory that says it matters, what the rules say. There is only a theory that says it matters what the behavior is.

Ähnlich äußert sich auch Mangano (1998: 487), der jede empirische Überprüfung der Auswirkungen der Unabhängigkeit von Zentralbanken für sinnlos hält, solange sich die Autoren nicht einig sind wie diese gemessen werden soll. Zwar weisen beide Autoren deutlich auf Schwachstellen der Indizes hin, die prinzipielle Ablehnung der rechtsbasierten Indizes scheint jedoch zu weit zu gehen. Es erscheint unstrittig, daß die rechtliche Unabhängigkeit nicht mit der tatsächlichen übereinstimmen muß. Dies wird von den Autoren auch so anerkannt.[119] In Ermangelung besserer Möglichkeiten der Messung der Unabhängigkeit von Zentralbanken und ausgehend von der Annahme, daß Gesetze und Institutionen einen gewissen Einfluß auf tatsächliche Begebenheiten und menschliches Verhalten haben, kann die rechtliche Unabhängigkeit jedoch unter bestimmten Vorbedingungen (siehe Kapitel 3.2) einen Annäherungswert für die tatsächliche Unabhängigkeit der Zentralbank bieten. Es ist aber in jedem Fall notwendig, sich der begrenzten Aussagefähigkeit der Indizes bewußt zu sein.

Die geringe Aufmerksamkeit, die der theoretischen und qualitativen Forschung über die Zentralbankunabhängigkeit gewidmet wird, dürfte an dem v.a. empirisch ausgerichteten Interesse der Studien liegen (Fernández de Lis 1996: 7). Wenn aus diesen empirischen Studien allerdings praktische Konsequenzen gezogen werden sollen, ist es notwendig, der Messung der Unabhängigkeit der Zentralbanken mehr Aufmerksamkeit zu schenken. Die Studien, die sich eher qualitativ wertend als numerisch einordnend mit der Unabhängigkeit von Zentralbanken beschäftigen, befürworten zu einem großen Teil ihre rechtliche Unabhängigkeit, sind jedoch in den Aussagen über deren Bedeutung für die tatsächliche Unabhängigkeit weit vorsichtiger und betonen die Rolle weiterer Faktoren. Die relative Bedeutung der

---

[119] Siehe z.B. Cukierman (1992: 369).

gesetzlichen Kriterien hebt z.B. Caesar (1994: 37) nach einer theoretischen und geschichtlichen Analyse der Zentralbankunabhängigkeit hervor:

> On the whole, factual determinants have apparently been much more decisive for the degree of independence (...) than legal regulations. Certainly this does not mean that the room for manoeuvre given by the central bank law and statute is irrelevant; on the contrary, in ‚normal' times explicitly stating a central bank's functional, financial, and personal independence is a most valuable supporting factor for the central bank when getting into controversies with the government.

Da institutionelle Rahmenbedingungen eines Landes schwierig numerisch zu quantifizieren und daher bei der Bildung der rechtsbasierten Indizes schwierig zu berücksichtigen sind, sollten sie bei der Anwendung der Konzepte in empirischen Studien als Einflußfaktoren auf die Geldpolitik der Zentralbanken so weit wie möglich berücksichtigt werden.

4 DIE AUSWIRKUNGEN DER UNABHÄNGIGKEIT DER ZENTRALBANK AUF DIE INFLATIONSRATE

Die vorgestellten Konzepte zur Messung der Unabhängigkeit von Zentralbanken dienen der Überprüfung von Hypothesen über die Auswirkungen der Zentralbankunabhängigkeit auf makroökonomische Variablen. Die Vorstellung der Ergebnisse soll sich in dieser Arbeit auf die in der Theorie zentrale Hypothese, daß ein negativer Zusammenhang zwischen der Unabhängigkeit der Zentralbank und der Höhe und Varianz der Inflationsrate in Industrieländern besteht, konzentrieren.[120]

4.1 ZENTRALBANKUNABHÄNGIGKEIT UND INFLATION

Der Großteil der Studien, in denen der Zusammenhang zwischen der Unabhängigkeit der Zentralbank und der Inflationsrate untersucht wird, kommt zu dem Fazit, daß sowohl die durchschnittliche Inflationsrate als auch deren Varianz in den Industrieländern negativ mit den rechtsbasierten Indizes korreliert. Eijffinger/De Haan (1996: Tabelle B2) listen 20 empirische Studien auf, von denen 18 Studien den erwarteten Zusammenhang für verschiedene Zeiträume und Ländergruppen bestätigen.[121] Da die meisten Studien, die auch die Auswirkungen der Zentralbankunabhängigkeit auf das Wirtschaftswachstum untersuchen, keinen Zusammenhang zwischen beiden Variablen finden,[122] sehen sie die von Grilli/Masciandaro/Tabellini (1991: 213) getroffene Schlußfolgerung, daß „(...) having an independent central bank is almost like having a free lunch: there are benefits but no apparent costs in terms of macroeconomic performance", als bestätigt an.

---

[120] Auf den Zusammenhang zwischen Zentralbankunabhängigkeit und anderen makroökonomischen Variablen (u.a. Wirtschaftswachstum, Varianz des Wirtschaftswachstums) wird im Rahmen dieser Arbeit nicht eingegangen. Einen ausführlichen Überblick über die Auswirkungen der Unabhängigkeit der Zentralbank auf makroökonomische Variablen geben Cukierman/Kalaitzidakis/Summers/Webb (1993), Cukierman (1996), Eijffinger/De Haan (1996) und Kißmer/Wagner (1998). Auch die Auswirkungen der Zentralbankunabhängigkeit auf die Inflationsrate in Entwicklungsländern konnten im Rahmen dieser Arbeit nicht berücksichtigt werden. Siehe hierzu Fry (1994; 1998), Maxfield (1997)und Siklos (1995).

[121] Auch die hier vorgestellten Studien, in denen die rechtsbasierten Indizes erstellt werden kommen, zu der gleichen Schlußfolgerung. Die Ergebnisse sollen hier nicht im Einzelnen wiedergegeben werden, da sie sich in der Kernaussage (der negative Zusammenhang zwischen der Zentralbankunabhängigkeit und der Inflationsrate) gleichen. Besonderheiten, die sich aus der Länderauswahl oder der Berücksichtigung unterschiedlicher Zeitperioden ergeben, sollen in Kapitel 4.2 angesprochen werden.

[122] Von den bisher vorgestellten Studien bestätigen das Ergebnis: Alesina/Summers (1993), De Haan/Sturm (1992), Eijffinger/Van Rooij/Schaling (1996), Fratianni/Huang (1994).

In Entwicklungsländern kann dagegen der negative Zusammenhang zwischen der Inflationsrate und der Unabhängigkeit der Zentralbank mit rechtsbasierten Indizes nicht bestätigt werden. Es ergibt sich allerdings ein positiver Zusammenhang zwischen der durchschnittlichen Anzahl der Wechsel der Zentralbankpräsidenten (TURN, VUL) und der Inflationsrate[123] (Cukierman 1992a: Kapitel 20).

Andere Autoren stellen die dargestellten Ergebnisse zum Teil in Frage. Auch Issing (1992: 3) kritisiert die in einigen Studien erkennbare Ansicht, daß „ein Notenbankgesetz, das der Zentralbank Unabhängigkeit verleiht, (...) gewissermaßen ein ‚Sesam-öffne-dich' für Stabilität und Wachstum [sei]" als naiv.[124]

4.2 ROBUSTHEIT DER STATISTISCHEN BEZIEHUNG

Viele der Studien untersuchen den Zusammenhang zwischen der Unabhängigkeit der Zentralbank und der Inflationsrate in bivariaten Regressionsanalysen, was zu einer Vernachlässigung anderer möglicher Einflüsse auf die Inflationsentwicklung geführt hat[125] (Pollard 1993: 30). Neuere Studien haben untersucht, ob die dargestellten Ergebnisse auch bei Berücksichtigung mehrerer Indizes, unterschiedlicher Zeitperioden, unterschiedlicher Ländergruppen und weiterer möglicher Einflußfaktoren auf die Inflationsrate bestätigt werden können (Wagner 1999: 10).

Cargill (1995) untersucht den Zusammenhang zwischen Zentralbankunabhängigkeit und Inflation in 20 Industrieländern über den Zeitraum 1962-1991 und kommt zu dem Ergebnis, daß die statistische Beziehung sich als nicht robust gegenüber unterschiedlichen Aufteilungen der Ländergruppen erweist.[126] Weiterhin sieht

---

[123] Die höhere Anzahl der Wechsel der Zentralbankpräsidenten impliziert eine geringere Zentralbankunabhängigkeit, so daß auch in den Entwicklungsländern der negative Zusammenhang zwischen der Unabhängigkeit der Zentralbank (gemessen durch die verhaltensbasierten Indizes TURN und/oder VUL) und der Inflationsrate als bestätigt angesehen wird.

[124] Diese Vorstellung äußert sich in Aussagen wie: „The indicators of political and functional independence demonstrate how one could bring monetary stability to inflation-prone EU-countries such as Portugal or Greece." (Masciandaro/Spinelli 1994: 442), oder: „The coefficients indicate, that inflation would be about 4 percent less, on average, in countries with an independent central bank; of course, any such estimate should be regarded with caution" (Banaian/Laney/Willett 1986: 214).

[125] Hierbei wird die Inflationsrate als abhängige Variable durch die Unabhängigkeit der Zentralbank als unabhängige Variable erklärt. Multivariate Regressionsanalysen ermöglichen die Berücksichtigung weiterer möglicher Erklärungsfaktoren der Inflation als zusätzliche unabhängige Variablen.

[126] Die Aufteilung in unterschiedliche Zeitperioden dagegen hatte keinen großen Einfluß auf die Ergebnisse. Cargill (1995: 164-169) berücksichtigt eine Aufteilung des Zeitraums in Dekaden und drei weitere Zeiträume. Die Länder teilt er in eine Gesamtgruppe, in eine Gruppe der zehn unabhängigsten Länder und eine Gruppe der zehn abhängigsten auf. De Haan/Kooi (1997b: 27) weisen jedoch darauf hin, daß Cargill (1995) ausschließlich den gewichteten Index LVAW

Cargill (S. 162-163) im Beispiel Japans, das eine abhängige Zentralbank besitzt und gleichzeitig eine der niedrigsten Inflationsraten der 1980er Jahre aufweisen kann, einen Widerspruch zu dem unterstellten Zusammenhang. Lohmann (1997) und Walsh (1997) erklären die niedrige Inflationsrate Japans mit günstigen institutionellen Rahmenbedingungen, die zu sehr geringem inflatorischen Druck auf die Zentralbank geführt haben. Sind die Gesellschaft und v.a. die Regierung an der Sicherung des Geldwertes interessiert, kann auch eine abhängige Zentralbank im Zusammenhang mit niedrigen Inflationswerten stehen.[127]

Campillo/Miron (1996: 17) kommen bei ihrer Untersuchung über die Determinanten der Inflationsrate in 62 Ländern in dem Zeitraum der Jahre 1973-1994 zu dem Ergebnis, daß „(...) central bank independence is not a substantial causal factor."[128] Jenkins (1996) zeigt, daß der Zusammenhang zwischen Zentralbankunabhängigkeit und Inflation von der Auswahl des Indizes[129] und der Länder[130] abhängt. In multivariaten Regressionen kommt er zusätzlich zu dem Ergebnis, daß auch der Einfluß der Struktur der Lohnverhandlungen, die Mitgliedschaft im Europäischen Währungssystem (EWS) und die Frage, ob die

---

von Cukierman/Webb/Neyapti (1992) benutzt, der in den meisten Studien die geringsten Korrelationswerte mit den Inflationsraten aufweist.

[127] Insofern stehen die Ergebnisse auch nicht im Widerspruch mit der Zeitinkonsistenz-Theorie, da die Regierung Japans selber kaum einen Anreiz zu einer inflationären Geldpolitik unterlag. Zu den erwähnten günstigen Rahmenbedingungen gehören: (i) Eine Regierung mit langem Zeithorizont aufgrund eines Einparteiensystems. (ii) Eine sehr niedrige natürliche Arbeitslosigkeit. (iii) Der große Freiraum, den sich die Zentralbank als Bürokratie trotz der formalen Abhängigkeit vom Finanzministerium erworben hat (Walsh 1997: 110-114). Lohmann (1997: 77) und Walsh (1997: 115) weisen gleichzeitig darauf hin, daß die Delegierung der Geldpolitik an eine unabhängige Zentralbank mit zunehmendem politischen Wettbewerb an Bedeutung gewinnen dürfte.

[128] Neben der Zentralbankunabhängigkeit berücksichtigen sie mehrere Kontrollvariablen: u.a. den Grad der Offenheit der Volkswirtschaft, politische Instabilität, das Verhältnis der Staatsschuld zum BIP, pro Kopf Einkommen und durchschnittliche Inflationserfahrung der Jahre 1948-72. Auch Campillo/Miron (1996) verwenden nur einen Index (LVAW). Außerdem schließen sie in ihre Studie Entwicklungsländer und Industrieländer mit ein. Die Überlegungen in Kapitel 3.2 haben allerdings gezeigt, daß die gesetzliche Unabhängigkeit in Entwicklungsländern oft keine gute Annäherungsvariable für die tatsächliche Unabhängigkeit darstellt. (siehe z.B. Cukierman 1992a: Kapitel 20). Temple (1998: 216-217) zeigt weiterhin, daß die Ergebnisse von Campillo und Miron stark von einigen wenigen Ländern mit extrem hohen Inflationsraten abhängen. Werden diese Länder in der Regression nicht mitberücksichtigt stellt sich wieder ein statistisch signifikanter, negativer Zusammenhang zwischen der Inflationsrate und der Unabhängigkeit der Zentralbank ein.

[129] Er zeigt, daß die von Alesina/Summers (1993) errechnete Korrelation deutlich schwächer ist wenn nicht der AS-Index sondern der LVAW-Index verwendet wird.

[130] Bei Berücksichtigung weiterer Industrieländer (Finnland, Irland, Island, Luxemburg und Österreich) zusätzlich zu den von Alesina und Summers berücksichtigten (siehe Tabelle 5, S. 70) findet er im gleichen Zeitraum (1973-1988) zwar immer noch den negative Beziehung zwischen den beiden Variablen, sie ist allerdings nicht mehr statistisch signifikant. Temple (1998: 216-217) allerdings weist in seiner Kritik von Campillo/Miron (1996) gerade auf Island als ein die Ergebnisse verzerrendes „Ausreißer"-Land hin („outlier country").

Zentralbank mit der Aufsicht des Bankensystems beauftragt ist, einen starken Zusammenhang mit der Inflationsrate aufweisen (Jenkins 1996: 262-263).

Im Gegensatz zu den oben genannten Studien wird in der Untersuchung von Walsh (1997) der statistisch signifikante Einfluß der Zentralbankunabhängigkeit auf die Inflationsrate auch bei Berücksichtigung mehrerer Indizes[131] und weiterer möglicher Determinanten[132] der Inflation zwar abgeschwächt, insgesamt aber bestätigt. Walsh zeigt außerdem, daß die Länder entsprechend dem Grad der Unabhängigkeit ihrer Zentralbank unterschiedlich auf die Ölschocks der 1970er Jahre reagiert haben.[133] Auch Eijffinger/Schaling/Hoeberichts (1998: 86) bestätigen in ihrer Studie den Zusammenhang: „(...) both our model and estimation results give further support to the well known inverse relationship between the degree of central bank independence and the level of inflation (...)."[134] Viele weitere Studien, kommen auch bei Berücksichtigung mehrerer Indizes, unterschiedlicher Zeitperioden und weiterer Einflußfaktoren auf die Inflationsrate zu demselben Ergebnis.[135]

In den verschiedenen Studien werden v.a. folgende Faktoren als weitere mögliche Determinanten der Inflationsentwicklung in einem Land angesehen: Das Verhältnis der Staatsschuld zum Bruttoinlandsprodukt, der Grad der Offenheit der Volkswirtschaft, die politische Instabilität, die Struktur der Lohnverhandlungen und die Teilnahme an Wechselkurssystemen.

Um den möglichen Einfluß des Grads der Offenheit und der Staatsdefizite auf die Inflationsrate von dem der Zentralbankunabhängigkeit zu trennen, errechnen Banaian/Burdekin/Willett (1995: 193) für 21 Länder und den Zeitraum der Jahre 1971-1988 eine „average inflation rate, adjusted and corrected for deficits and trade volume." Unter den sechs Ländern mit der niedrigsten (korrigierten) Inflationsrate befinden sich die vier Länder, denen die Autoren eine unabhängige Zentralbank

---

[131] Walsh (1997: 95) führt zwar nur die Ergebnisse der Regressionen mit dem ES-Index und dem LVAU-Index auf, weist aber darauf hin, daß er die Regressionen auch mit den Indizes A und GMT durchgeführt hat, ohne zu wesentlich anderen Ergebnissen zu kommen.

[132] Er berücksichtigt den Grad der Offenheit der Volkswirtschaft, einen Index der natürlichen Rate der Arbeitslosigkeit, das Verhältnis der Staatsschuld zum Bruttoinlandsprodukt und eine Dummy-Variable für die Teilnahme an den Wechselkurssystemen BWS und EWS.

[133] Länder mit unabhängigen Zentralbanken reagierten mit einer relativ geringeren Erhöhung der Inflationsrate (Walsh 1997: 105-6).

[134] Hierbei berücksichtigen sie 20 Industrieländer und vier Indizes (A, ES, GMT, LVAU) im Zeitraum 1972-92, der in zwei Unterperioden aufgeteilt wird (1972-82 und 1983-92), um den Einfluß des EWS herauszufinden.

[135] Siehe u.a. Al-Marhubi/Willett (1995), Franzese (1999), Havrilesky/Granato (1993b) und Oatley (1999). Allerdings sei darauf hingewiesen, daß bei Oatley die Bedeutung der Zentralbankunabhängigkeit im Ganzen bestätigt wird, viele der Indizes jedoch nicht in allen Regressionen statistisch signifikant sind.

attestieren.[136] Sie sehen daher den grundsätzlichen Zusammenhang zwischen der Inflationsrate und der Zentralbankunabhängigkeit als bestätigt an. Viele Studien beachten auch den möglichen Einfluß politischer Instabilität oder eventuell vorhandener Unterschiedene in den Inflationspräferenzen der Parteien. Generell stellt jedoch die Berücksichtigung der Staatsschuld, der Offenheit der Volkswirtschaft und der politischen Variablen den grundsätzlichen negativen Zusammenhang zwischen der Inflation und der Zentralbankunabhängigkeit nicht in Frage.[137]

Wie in Kapitel 2.2.1.1 besprochen, kann auch eine gesetzlich unabhängige Zentralbank bei einer Teilnahme an einem Festkurssystem oder der einseitigen Bindung der Währung keine wirklich autonome Geldpolitik mehr betreiben.[138] Der Zusammenhang zwischen Zentralbankunabhängigkeit und Inflation ist also in Zeiten zu erwarten, in denen die untersuchten Länder keinen Wechselkursverpflichtungen unterliegen. Die Empirie bestätigt diese Vermutung. Siklos (1994: 8-9) zeigt, daß der negative Zusammenhang zwischen Inflation und der Unabhängigkeit der Zentralbank nach 1973 deutlich stärker ist.[139] Viele Studien schließen daher die Zeit des BWS aus ihren Untersuchungen aus oder untersuchen sie in getrennten Regressionen.[140] Die Studien, in denen die Zeit des EWS getrennt berücksichtigt wird, kommen meist zu schwächeren, aber noch signifikanten Koeffizienten für die Zentralbankunabhängigkeit bei den teilnehmenden Ländern (Grilli/Masciandaro/Tabellini 1991: 209-210; Walsh 1997: 104-105). Anyadike-Danes (1995) findet bei Berücksichtigung verschiedener Wechselkursarrangements nur in den Ländern ein stark signifikanter Zusammenhang zwischen der Inflation und der Zentralbankunabhängigkeit, die über einen freien Wechselkurs verfügen.[141]

Auch die Struktur der Lohnverhandlungen wird zunehmend in den Arbeiten über die Auswirkungen der Zentralbankunabhängigkeit als weiterer Einflußfaktor auf die

---

[136] Bei den vier Ländern handelt es sich um Deutschland, Österreich, die Schweiz und die USA. Die beiden anderen Länder unter den ersten sechs sind Japan und Kanada.

[137] Zu diesem Ergebnis kommen u.a. Grilli/Masciandaro/Tabellini (1991) und Walsh (1997). Die Ergebnisse von Cukierman/Webb (1995: 411-412 und 414-415) lassen vermuten, daß sich der beobachtbare Zusammenhang zischen politischer Instabilität und Inflation auf eine Verkürzung der Zeithorizonte der Politiker zurückführen läßt, die sich in einer geringeren Zentralbankunabhängigkeit äußert.

[138] Nur das jeweilige Leitwährungsland eines Festkurssystems behält die Möglichkeit zu einer autonomen Geldpolitik.

[139] Ähnlich Walsh (1997: 97).

[140] Siehe u.a. Banaian/Burdekin/Willett (1995), Eijffinger/Schaling/Hoeberichts (1998), Grilli/Mascian-daro/Tabellini (1991) und Walsh (1997).

[141] Anyadike-Danes untersucht den Einfluß drei verschiedener Arten der Wechselkursbindung (frei, gemischt und fest) auf den Zusammenhang zwischen Inflation und Zentralbankunabhängigkeit in 44 Ländern. In den 13 Ländern mit „wechselnder" Wechselkursbindung ist dieser Zusam-

Inflationsrate und die Geldpolitik berücksichtigt.[142] Sie führt als zusätzliche erklärende Variable zu einer Abschwächung des Effektes der Zentralbankunabhängigkeit in den meisten Regressionsanalysen, ohne deren zentrale Bedeutung für die Erklärung der Inflation jedoch aufzuheben.[143] Cukierman (1998) und Iversen (1999) legen ihren Regressionen theoretische Modelle zugrunde, die eine Interaktion von Zentralbankunabhängigkeit und Zentralisierungsgrad der Lohnverhandlungen[144] erlauben und die bisher in der Literatur getrennten Ansätze zur Inflationserklärung miteinander verbinden.[145] Beide Autoren kommen zu dem Schluß, daß Auswirkungen der Lohnverhandlungen auf die Geldpolitik und die Inflationsrate existieren, diese aber stark von der Unabhängigkeit (und damit Nachgiebigkeit) der Zentralbank abhängen.[146]

Insgesamt verdeutlichen die Studien die wichtige Rolle der Zentralbankunabhängigkeit bei der Erklärung der langfristigen Inflationsrate in Industrieländern. Kritische Studien weisen allerdings darauf hin, daß der

---

menhang geringer als in den 15 Ländern mit freiem Wechselkurs und in den 16 Ländern mit festem Wechselkurs sehr schwach. (Anyadike-Danes 1995: 338).

[142] Hierzu haben v.a. drei Gründe geführt: (i) Die Existenz einer umfangreichen Korporatismus-Literatur, die für die 1970er und 1980er einen deutlichen Zusammenhang zwischen der Streikaktivität, dem Grad des Korporatismus bzw. der Zentralisierung der Lohnverhandlungen und der Inflationsrate nachweist (Bofinger/Hefeker/Pfleger 1998: 80-95). (ii) Aus polit-ökonomischer Sicht steigt der inflatorische Druck auf die Zentralbank mit Höhe der Arbeitslosenrate (siehe zusätzlich Kapitel 2.2.2.2). (iii) Vielen der Untersuchungen über die Auswirkungen der Zentralbankunabhängigkeit liegt das Modell von Barro/Gordon (1983a) zugrunde, daß die Motivation der Politiker, Überraschungsinflation zu betreiben, v.a. auf Abweichungen der tatsächlichen von der natürlichen Arbeitslosenrate zurückführt (siehe auch: Fußnote 24).

[143] Siehe Al-Marhubi/Willett (1995), Bleany (1996), Havrilesky/Granato (1993b), Oatley (1999). In den von Jenkins (1996: 260-262) durchgeführten Regressionsanalysen verliert dagegen der Koeffizient der Zentralbankunabhängigkeit die statistische Signifikanz wenn der Korporatismus-Index von Tarantelli (1986) als zusätzliche erklärende Variable berücksichtigt wird.

[144] Hierbei unterstellen beide Autoren entsprechend der Studie von Calmfors/Driffill (1988) einen höckerförmigen Zusammenhang (*humd-shaped*) zwischen Zentralisierungsgrad der Lohnverhandlungen und Reallohnanstieg. Die höckerförmige Kurve des Reallohnanstieges kommt aufgrund von zwei Effekten eines zunehmenden Zentralisierungsgrades der Lohnverhandlungen zustande: Auf der einen Seite sinkt der Wettbewerb auf dem Arbeitsmarkt und die Gewerkschaften fordern daher höhere Löhne, auf der anderen Seite steigt der Grad, zu dem die Gewerkschaften die Kosten der Auswirkungen des Reallohnanstieges auf die Inflation tragen müssen (Cukierman/Lippi 1998: 50; Iversen 1999: 240-243).

[145] Die Literatur über die Auswirkungen der Zentralbankunabhängigkeit und die über die Auswirkungen der Struktur der Lohnaushandlung versuchen beide, makroökonomische Entwicklungen mit ihren Modellen zu erklären. Ein früherer Versuch, beide Forschungsrichtungen in Verbindung zu bringen stammt von Bleaney (1996: 20-21): „This two lines of research – on central bank independence and wage bargaining institutions – have run in parallel without explicit recognition of each other. There is empirical support for both hypotheses (...) Here I attempt to fill this gap."

[146] Andererseits hängt auch der Effekt der Unabhängigkeit der Zentralbank auf die Inflationsrate zum Teil von der Struktur des Lohnaushandlungsprozesses ab (Cukierman/Lippi 1998: 50-54; Iversen 1999: 251-256)). Zu der Interdependenz zwischen Lohnverhandlungen, Zentralbank und Inflationsrate siehe auch Bofinger/Hefeker/Pfleger (1998: 80-96).

Zusammenhang nicht so robust ist, wie es frühere Untersuchungen haben vermuten lassen. Die Berücksichtigung weiterer Einflußfaktoren auf die Inflationsrate und die Geldpolitik der Zentralbank hat jedoch auch auf die Bedeutung weiterer institutioneller Rahmenbedingungen für eine langfristige Sicherung des Geldwertes hingewiesen, und diese in der empirischen Arbeit berücksichtigt.[147] Allerdings sollte man aufgrund der Berücksichtigung weiterer Einflußfaktoren auf die Inflationsrate nicht übersehen, daß auch eine nicht-monetär verursachte Inflation (etwa durch Kostendruck) langfristig auf die Alimentierung durch die Geldpolitik angewiesen ist, und insofern ein akkomodierendes Verhalten der Zentralbank voraussetzt. (siehe Kapitel 2.1).

4.3 KRITIK AM ANSATZ DER STUDIEN

Kritik am Ansatz der Studien über den Zusammenhang zwischen der Unabhängigkeit der Zentralbank und der Inflationsrate ist aus verschiedenen Gründen geübt worden.

(i) Die zugrunde gelegten rechtsbasierten Indizes sind als ungenügende Annäherungsvariable für die tatsächliche Unabhängigkeit kritisiert worden, womit gleichzeitig die Ergebnisse der Studien in Frage gestellt wurden (siehe Kapitel 3.4).

(ii) Walsh (1993: 296) kritisiert die Auswahl der Indizes bei Cukierman (1992a), da er den Eindruck hat, dieser würde die Güte seiner Indizes an deren Korrelation mit der Inflationsrate messen. Die Überprüfung der Hypothese des Zusammenhangs zwischen beiden Variablen dürfte dann nicht mit dem gleichen Index durchgeführt werden (siehe auch Kapitel 3.4).

(iii) Das zentrale, den meisten Studien zugrunde gelegte Modell der Zeitinkonsistenz argumentiert mit der höheren Glaubwürdigkeit einer unabhängigen Zentralbank. Der von vielen Untersuchungen bestätigte positive Zusammenhang zwischen den Kosten der Disinflation und der Zentralbankunabhängigkeit steht in einem Gegensatz zu der Theorie, die aufgrund der höheren Glaubwürdigkeit geringere Disinflationskosten bei einer unabhängigen Zentralbank vorhersagt.[148] Auch Forder

---

[147] So auch Franzese (1999: 681): „(...) the antiinflationary benefit of central bank independence is not constant, but rather depends on *every* variable in the broader political-economic environment to which wholly autonomous central banks and governments would respond differently. Conversely the inflationary impacts of *all* such political-economic variables depend on the degree of central bank independence." Hervorhebungen im Original.

[148] Zu einer positiven Verbindung zwischen der Unabhängigkeit der Zentralbank und den Disinflationskosten kommen z.B.: Debelle/Fischer (1994: 201), Fischer (1995b: 50), Posen (1998: 335-337). Allerdings gibt es auch Gründe, die für höhere Disinflationskosten bei unabhängigen Zentralbanken sprechen: Geringere Inflationsraten könnten mit längerfristigen nominalen Verträgen verbunden sein und so zu einer flacheren Phillips-Kurve führen (Kißmer/Wagner 1998: 37-38).

(1998a) stellt das spezifische Glaubwürdigkeitsproblem der Zeitinkonsistenz-Modelle in Frage, befürwortet jedoch die Unabhängigkeit der Zentralbank aufgrund der Bedeutung der Zeithorizonte in der Geldpolitik.

Mit der Infragestellung des Glaubwürdigkeitsgewinnes einer unabhängigen Zentralbank entfällt gleichzeitig eine wichtige Erklärung für die Auswirkungen der Zentralbankunabhängigkeit auf die Inflationsrate.

(iv) Es ist auf die Möglichkeit der Existenz von dritten Faktoren hingewiesen worden, welche die Koexistenz von Zentralbankunabhängigkeit und niedrigen Inflationsraten erklären könnten. Posen (1993: 46) betont unter dem Stichwort „interests not institutions" die Bedeutung von Interessen im politischen Prozeß und weist auf die Möglichkeit hin, daß sowohl die Unabhängigkeit der Zentralbank als auch eine niedrige Inflationsrate auf einen starken Finanzsektor zurückzuführen sind, der es schafft, seine Interessen im politischen System durchzusetzen. Allerdings werden die Ergebnisse von Posen durch eine Studie von De Haan/Van T Hag (1995) nicht bestätigt. Hayo (1998: 259) dagegen macht Wechselwirkungen zwischen der Inflationspräferenz der Bevölkerung und der Unabhängigkeit der Zentralbank für die Inflationsentwicklung verantwortlich, kann aber letztlich die Frage nicht lösen, ob die unabhängige Zentralbank einem gesellschaftlichen Konsens über die Vermeidung von Inflation entspringt, oder ob die Autonomie diesen Konsens hat entstehen lassen. Auch wenn die Frage der Kausalität nicht geklärt ist, behält das Schlußwort von Eijffinger/Schaling/Hoeberichts (1998) seine Gültigkeit:

> Still the degree of central bank independence may be an important factor in explaining the level of inflation, because central bank independence reflects the ability and willingness to conduct an autonomous monetary policy directed at price stability. If not seriously hampered by wage increases, budget deficits, and government debt, such policy will lead to a low and sustainable level of inflation.

5 ZUSAMMENFASSUNG UND AUSBLICK

Die Unabhängigkeit der Zentralbank ist direkt schwer meßbar, da sie von vielen komplexen Faktoren abhängt und die Grenzen zwischen der Autorität der Regierung und der Autorität der Zentralbank in der Praxis kaum abschätzbar sind.[149] Konzepte, die versuchen, die Zentralbankunabhängigkeit zu messen, werden daher immer Hilfskonstrukte bleiben, die eine qualitative Forschung nicht ersetzen können. Dieser Tatsache sollte man sich sowohl bei der Anwendung der Konzepte in empirischen Studien als auch bei der Interpretation der Ergebnisse bewußt sein.

Zur Messung der tatsächlichen Unabhängigkeit wird in der Literatur auf Reaktionsfunktionen und auf die durchschnittliche Anzahl der Wechsel der Zentralbankpräsidenten (TURN, VUL) zurückgegriffen. Während bei der Erstellung von Reaktionsfunktionen Probleme hinsichtlich der Beschreibung des tatsächlichen Verhaltens von Notenbanken auftreten (Johnson/Siklos 1996: 727) und diese daher mit Vorsicht zu interpretieren sind, können die verhaltensbasierten Indizes TURN und VUL eher die Abhängigkeit von Notenbanken als deren Unabhängigkeit nachweisen.

Der Großteil der Studien greift jedoch zur Messung der Unabhängigkeit von Zentralbanken auf rechtsbasierte Indizes zurück. Auf die nur relative Aussagekraft von Gesetzen ist schon mehrfach hingewiesen worden, zur Verdeutlichung sei hier ein letztes Beispiel angeführt: Im Zuge der Teilnahme an der Europäischen Wirtschafts- und Währungsunion ist das Bundesbankgesetz 1993 v.a. hinsichtlich der Regelungen der Kreditvergabe an den Staat geändert worden, so daß sie in ihrer „eingeschätzten" Unabhängigkeit laut dem Index LVAU von Cukierman (1992a) um fast 30% steigt (Bini Smaghi 1996: 7). Es ist jedoch schwer vorstellbar, daß sich die tatsächliche Unabhängigkeit der Bundesbank in der Geldpolitik durch diese Gesetzesänderung de facto so stark geändert hat.

Die Präsentation der rechtsbasierten Konzepte hat gleichzeitig einige Kritikpunkte hinsichtlich der Auswahl und Gewichtung der Kriterien zur Erstellung der Indizes und der zum Teil nicht konsistenten Interpretation der Zentralbankverfassungen aufgezeigt. Aufgrund der relativ begrenzten Aussagefähigkeit der gesetzlichen Unabhängigkeit der Zentralbank für ihre tatsächliche Unabhängigkeit, und aufgrund des Problems, die Unabhängigkeit in vielen relativen Stufen zu definieren,[150] stellt

---

[149] In diesem Sinne äußern sich auch Eijffinger/Schaling/Van Rooij(1996: 166): „Because actual independence is determined by many factors from which a lot are hardly or not quantifiable we will now assume, that actual independence cannot be measured directly."

[150] Die Vorstellung der Möglichkeit einer graduellen Abstufung der Unabhängigkeit unterliegt zumindest implizit den Konzepten von Cukierman (1992a) (LVAU, LVAW) und Grilli/Masciandaro/Tabellini (1991) (GMT).

sich jedoch die Frage, ob nicht eine Konzentration auf wenige, zentrale Elemente der Unabhängigkeit sinnvoll erscheint. Dieses Vorgehen würde auch der Tatsache Rechnung tragen, daß die Einteilung der Länder nach groben Kategorien (unabhängig, eingeschränkt unabhängig, abhängig) bei den einzelnen Indizes relativ ähnlich ist, im einzelnen jedoch deutliche Unterschiede festzustellen sind (siehe Tabelle 12, S. 78). Anders als im Falle der graduellen Abstufung ermöglicht eine Einteilung nach wenigen Kriterien, den verschiedenen Stufen der Unabhängigkeit eine theoretische Begründung zu geben. Auf diese Weise würde gleichzeitig verhindert, daß für die Unabhängigkeit relativ unbedeutende Kriterien bedeutendere aufwiegen können, wie dies bei GMT und LVAU bzw. LVAW der Fall ist.[151] Aufgrund der erfolgten Kritik und den theoretischen Überlegungen in den Kapiteln 2.1 und 2.2, in denen die Notwendigkeit einer Zielgebundenheit der Zentralbank für eine gesellschaftlich optimale Politik der Zentralbank aufgezeigt wird, sollten bei der eventuellen Bildung neuer Indizes folgende Elemente berücksichtigt werden: (i) Die geldpolitische Entscheidungsfreiheit der Zentralbank, (ii) die Ernennungsmodalitäten der entscheidenden Instanz der Zentralbank,[152] (iii) das Vorhandensein einer Verpflichtung zur Sicherung des Geldwertes und (iv) die Regelungen der Kreditvergabe an den Staat.[153] Die Kriterien (iii) und (iv) sollten jedoch auf keinen Fall zu stark berücksichtigt werden. Dem Kriterium der geldpolitischen Entscheidungsfreiheit sollte das meiste Gewicht zufallen. Aufgrund der relativ geringen Bedeutung weiterer Kriterien im Falle einer Weisungsgebundenheit der Zentralbank, bietet es sich an, in qualitativen Schritten vorzugehen und die weiteren Kriterien der Unabhängigkeit der Zentralbank nur dann zu berücksichtigen, wenn die Zentralbank auch über einen gewissen Entscheidungsspielraum verfügt. Hierbei könnte durch die Möglichkeit einer zweistufigen Erfüllung des Kriteriums der geldpolitischen Entscheidungsfreiheit, entsprechend dem Vorschlag von Banaian/Burdekin/Willett (1995) berücksichtigt werden, daß Länder, in denen ein formales, aber schwierig anzuwendendes

---

[151] An dieser Stelle sei ein weiteres Beispiel aus dem „ungewichteten" Index von Cukierman (1992a) angeführt: Beachtet man die Gewichtung der einzelnen Unterfragen, so ergibt sich für die Frage, welche Instanz die Geldpolitik formuliert (*monpol*) das gleiche Gewicht wie für die Frage, ob die Zentralbank an der Formulierung des Haushaltes der Regierung beteiligt ist (*adv*). Beide wiegen deutlich weniger als die Frage nach dem Kreis potentieller Kreditnehmer (*lwidth*) (siehe auch Tabelle 9, S. 74).

[152] Dieses Kriterium sollte sich flexibel danach richten, wer die letzte Entscheidungsgewalt (Zentralbankrat oder Zentralbankpräsident) besitzt. Falls jedoch sowohl der Zentralbankpräsident als auch der Zentralbankrat berücksichtigt werden soll, sollte die entscheidende Instanz ein deutlich höheres Gewicht bekommen. Die Fragen zur Berücksichtigung der Ernennungsmodalitäten sollten hierbei nicht auf eine vollständige Nicht-Beteiligung der Regierung bei der Ernennung abzielen, sondern eher danach fragen, ob die Regierung nicht alle oder nicht die Mehrheit der Mitglieder ernennt.

Vetorecht der Regierung existiert, über einen gewissen Grad an geldpolitischer Autonomie verfügen.

Bei der Anwendung der Konzepte in der empirischen Forschung hat sich die Notwendigkeit gezeigt, bei der Überprüfung des Zusammenhangs zwischen Zentralbankunabhängigkeit und Inflation auf das institutionelle Umfeld der Zentralbank und weiterer Determinanten der Inflation einzugehen. Zwar kann die Zentralbank, solange eine gewisse Verbindung zwischen Geldmenge und Inflation besteht, die Inflationsrate zumindest mittel- bis langfristig kontrollieren. Ob sie jedoch bereit ist, für die Sicherung des Geldwertes auch eine mit (kurzfristigen) gesellschaftlichen Kosten verbundene restriktive Politik zu betreiben, hängt stark von den jeweiligen politischen, wirtschaftlichen und gesellschaftlichen Bedingungen eines Landes, und hier vor allem davon ab, wie groß der Widerstand gegen eine solche restriktive Geldpolitik in der Politik und der Bevölkerung ist.

---

[153] Aufgrund der von Neumann (1996) geäußerten Kritik sollte sich die Frage nach der Kreditvergabe an den Staat darauf beschränken, nach einer (zu definierenden) Höchstgrenze zu fragen.

ANHANG

TABELLE 3:
BADE/PARKIN (1985) (BP)

		Finanzielle Unabhängigkeit			
		1	2	3	4
Politische Unabhängigkeit	1		Australien		
	2		Frankreich Schweden	Belgien Italien Kanada Niederlande	Großbritannien
	3	Japan	USA		
	4			Deutschland Schweiz	

Anmerkungen:

Politische Unabhängigkeit: (1) Die Regierung hat letzte Verfügungsgewalt in der Geldpolitik, ernennt alle Mitglieder des Entscheidungsgremiums (*board*) der Zentralbank, und es sitzt ein Regierungsvertreter im Entscheidungsgremium, (2) Wie 1, aber kein Regierungsvertreter im Entscheidungsgremium, (3) Zentralbank ist entscheidende geldpolitische Instanz, Ernennungen durch die Regierung (4) Zentralbank ist entscheidende geldpolitische Instanz, nicht alle Mitglieder des Entscheidungsgremiums werden von der Regierung ernannt.

Finanzielle Unabhängigkeit: (1) Die Regierung beschließt das Budget der Zentralbank, bestimmt die Gehälter des Entscheidungsgremiums und die Gewinnverteilung, (2) Wie 1, aber die Bank entscheidet über das Budget, (3) Wie 2, aber Zentralbank bestimmt Gehälter des Entscheidungsgremiums und die Gewinnverteilung wird durch das Statut geregelt, (4) Wie 3, aber die Zentralbank bestimmt über die Gewinnverteilung

Quelle: (Parkin 1987: 320-321) (Übersetzung d. Verf.)

TABELLE 4:
BURDEKIN/WILLETT (1991) (BW) UND EPSTEIN/SCHOR (1986) (EPS)

Land	Geldpolitische Unabhängigkeit	Institutionelle Aspekte			Index der Unabhängigkeit		
		Anteil der Regierung an der Ernennung des Zentralbankrates	Ziele		Bade / Parkin	Epstein / Schor	Burdekin / Willett
Australien	Nein	1	G/W/B		1	-	1
Belgien	Nein	1	-		2	1	1
Deutschland	Ja	10/21	G		4	3	3
Frankreich	Nein	12/13	-		2	1	1
Großbritannien	Nein	1	-		2	1.5	1
Italien	Nein	1	-		2	1	1
Japan	Nein	1	-		3	1	1
Kanada	Nein	1	G/W/B		2	1	1
Neuseeland	Nein	1	G*		-	-	1
Niederlande	Nein	1	G/W		2	1	1
Österreich	Ja	8/14	G/W		-	-	2
Schweden	Nein	1	-		2	1	1
Schweiz	Ja	2/10	G/W/B		4	-	3
USA	Ja	7/12	G/W/Z		3	2	2

Anmerkungen:
Ziele: G = Geldwertstabilitätsziel, W = Wechselkursziel, B = Beschäftigungsziel, Z = Zinsziel
* seit 1990 in Kraft (1989 Reserve Bank of New Zealand Act).
Quelle: Burdekin/Willett (1991: 627) (Übersetzung d. Verf.)

TABELLE 5:
ALESINA(1988; 1989) (A) UND ALESINA/SUMMERS (1993) (AS)

Land	A^1	GMT^2	GMT konvertiert[3]	AS = Durchschnitt aus GMT und A^4
Australien	1	9	3	2
Belgien	2	7	2	2
Dänemark	2*	8	3	2,5
Deutschland	4	13	4	4
Frankreich	2	7	2	2
Großbritannien	2	6	2	2
Italien	1,5*	5	2	1,75
Japan	3	6	2	2,5
Kanada	2	11	3	2,5
Neuseeland	1*	3	1	1
Niederlande	2	10	3	2,5
Norwegen	2*	-	-	2
Schweden	2	-	-	2
Schweiz	4	12	4	4
Spanien	1*	5	2	1,5
USA	3	12	4	3,5

Anmerkungen
[1] Index von Bade/Parkin (1988) durch Alesina (1988) bearbeitet.
[2] Gesamtindex der Zentralbankunabhängigkeit nach Grilli/Masciandaro/Tabellini (1991) (GMT).
[3] Konvertierung von GMT=i: „4" für i >11 – „3" für 7< i ≤11 – „2" für 4< i ≤7 – „1" für i ≤4
[4] Durchschnitt aus Spalten (1) und (3)
* von Alesina hinzugefügt, oder gegenüber Bade/Parkin (1988) verändert (Italien).
Quelle: Alesina/Summers (1993) (Übersetzung d. Verf.)

TABELLE 6:
EIJFFINGER/SCHALING (1993) (ES)

Land	(1) Zentralbank ist geldpolitische Entscheidungsinstanz[1]	(2) Kein Regierungsvertreter im Entscheidungsgremium	(3) Regierung ernennt nicht alle Mitglieder des Entscheidungsgremiums	ES Index[2]
Australien				1
Belgien	*	*		3
Deutschland	**	*	*	5
Frankreich		*		2
Großbritannien		*		2
Italien		*		2
Japan	*	*		3
Kanada				1
Niederlande	**	*		4
Schweiz	**	*	*	5
Schweden		*		2
USA	*	*		3

Anmerkungen:
[1] * wenn gemischte Verantwortung für die Geldpolitik, ** wenn Zentralbank allein entscheidende Instanz
[2] Summe der Sterne + 1 ergibt den Index von Eijffinger/Schaling (ES)
Quelle: Zusammenstellung d. Verf. nach: Eijffinger/Schaling (1993: 65-67)

TABELLE 7:
DIE POLITISCHE UNABHÄNGIGKEIT DER ZENTRALBANK (G-P)

Land	Ernennung				Beziehung zur Regierung		Notenbank-verfassung		Politische Unabhängigkeit
	(1)	(2)	(3)	(4)	(5)	(6)	(7)	(8)	(9)
Australien	*						*	*	3
Belgien		*							1
Dänemark	*					*	*		3
Deutschland	*		*		*	*	*	*	6
Frankreich	*		*						2
Griechenland		*						*	2
Großbritannien					*				1
Irland	*					*	*		3
Italien	*	*	*		*				4
Japan							*		1
Kanada	*	*					*	*	4
Neuseeland									0
Niederlande	*		*		*	*	*	*	6
Österreich						*	*	*	3
Portugal					*				1
Schweiz	*				*	*	*	*	5
Spanien			*		*				2
USA					*	*	*	*	5

Anmerkungen:
Der Notenbankpräsident wird (1) nicht von der Regierung und (2) für länger als 5 Jahre ernannt. Die Mitglieder des Entscheidungsgremiums (*board*) werden (3) nicht von der Regierung und (4) für länger als 5 Jahre ernannt. (5) Kein stimmberechtigter Regierungsvertreter im Entscheidungsgremium der Notenbank (6) Es ist keine Zustimmung der Regierung für geldpolitische Entscheidungen notwendig (7) Das Ziel der Geldwertstabilität ist in der Notenbankverfassung enthalten (8) Rechtliche Regelungen zur Stärkung der Notenbank gegenüber der Regierung im Konfliktfall vorhanden (9) Index der politischen Unabhängigkeit
Quelle: Grilli/Masciandaro/Tabellini (1991: 368) (Übersetzung d. Verf.)

TABELLE 8:
DIE ÖKONOMISCHE UNABHÄNGIGKEIT DER ZENTRALBANK (G-Ö)

	Kreditfazilität					Geldpolitische Instrumente		Ökonomische Unabhängigkeit
Land	(1)	(2)	(3)	(4)	(5)	(6)	(7)	(8)
Australien	*	*	*	*	*	*		6
Belgien		*		*	*	*	* *	6
Dänemark		*			*	*	* *	5
Deutschland	*	*	*	*	*	*	*	7
Frankreich				*	*	*	* *	5
Griechenland				*		*		2
Großbritannien	*	*	*	*		*		5
Irland		*	*	*		*		4
Italien				*				1
Japan	*		*		*	*	*	5
Kanada	*	*	*	*		*	* *	7
Neuseeland				*	*	*		3
Niederlande				*	*	*	*	4
Österreich				*	*	*	* *	6
Portugal				*		*		2
Schweiz	*	*	*	*		*	* *	7
Spanien				*	*		*	3
USA	*	*	*	*	*	*	*	7

Anmerkungen:
Es bestehen direkte Kreditfazilitäten, die: (1) nicht automatisch in Anspruch genommen werden können; (2) marktgerecht verzinst werden müssen; (3) nur zeitlich begrenzt in Anspruch genommen werden können; (4) nur in begrenzter Höhe in Anspruch genommen werden können. (5) Die Notenbank darf keine Wertpapiere vom Staat erwerben (6) Der Diskontsatz wird von der Notenbank gesetzt (7) Die Notenbank ist nicht (**) oder nicht alleine (*) für die Bankenaufsicht zuständig. (8) Index der ökonomischen Unabhängigkeit
Quelle: Grilli/Masciandaro/Tabellini (1991: 369) (Übersetzung d. Verf.)

TABELLE 9:
CUKIERMAN (1992A) (LVAU, LVAW) - KLASSIFIZIERUNG

Bereich	Kriterium	Einstufung der Notenbank (NB) nach:	Wert
Notenbank-präsident (CEO)	Länge der Amtszeit des NBP (too)*	(1) Amtsdauer ≥ 8 Jahre	1
		(2) 8 > Amtsdauer ≥ 6 Jahre	0,75
		(3) Amtsdauer = 5 Jahre	0,5
		(4) Amtsdauer = 4 Jahre	0,25
		(5) Amtsdauer < 4 Jahre	0
	Berufung des NBP (app)	(1) durch Entscheidungsgremium der NB	1
		(2) durch gemischten Ausschuß aus Legislative, Regierung und NB	0,75
		(3) durch Legislative	0,5
		(4) durch gesamte Regierung	0,25
		(5) durch ein oder zwei Mitglieder der Regierung	0
	Entlassung des NBP (diss)	(1) keine Regelungen	1
		(2) nur aus nichtökonomischen Gründen (z.B. geistige Unfähigkeit)	0,83
		(3) durch Entscheidungsgremium der NB	0,67
		(4) aus geldpolitischen Gründen durch Legislative	0,50
		(5) ohne Begründung durch Legislative	0,33
		(6) aus geldpolitischen Gründen durch Regierung	0,17
		(7) ohne Begründung durch Regierung	0
	Darf der NBP ein weiteres Staatsamt ausüben? (off)	(1) generell verboten	1
		(2) nur aufgrund expliziter Erlaubnis durch die Regierung	0,5
		(3) kein Verbot	0
Formulierung und Durchführung der Geldpolitik (PF)	Wer bestimmt den geldpolitischen Kurs (monpol)	(1) nur die NB	1
		(2) NB und Regierung gemeinsam	0,66
		(3) NB berät die Regierung	0,33
		(4) nur die Regierung	0
	Gesetzliche Konfliktregelung (conf)	(1) NB entscheidet über die im NB-Gesetz definierten Ziele	1
		(2) Regierung entscheidet in Angelegenheiten, die nicht eindeutig im NB-Gesetz aufgeführt sind oder im Falle von Meinungsverschiedenheiten innerhalb der NB.	0,8
		(3) im Konfliktfall entscheidet ein Gremium, das sich aus Vertretern der Regierung, der Legislative und der NB zusammensetzt	0,6
		(4) Legislative verfügt über letzte Entscheidungsautorität	0,4
		(5) Regierung verfügt über letzte Entscheidungsautorität, aber NB hat das Recht auf öffentlichen Protest	0,2
		(6) Regierung verfügt über letzte Entscheidungsautorität	0
	Nimmt NB an der Formulierung des Staatshaushalts teil (adv)	(1) Ja	1
		(2) Nein	0
Ziele der Geldpolitik (OBJ)	(obj)	(1) Preisstabilität ist einziges oder wichtigstes Ziel der Geldpolitik, auch im Falle von Konflikten mit der Regierung	1
		(2) Preisstabilität als einziges Ziel genannt	0,8
		(3) Preisstabilität mit nicht-konfligierenden Zielen genannt	0,6
		(4) Preisstabilität mit konfligierenden Zielen genannt	0,4
		(5) NB-Gesetz nennt keine Ziele	0,2
		(6) NB-Gesetz nennt Ziele, Preisstabilität ist nicht darunter	0

TABELLE 9: FORTSETZUNG

Bereich	Kriterium	Einstufung der Notenbank (NB) nach:	Wert
Regelung der Kreditvergabe an den Staat	Grenzen der Kreditvergabe an den Staat (*lla*)	(1) Kredite an den Staat sind verboten	1
		(2) Kredite sind in eng begrenzten Rahmen erlaubt (z.B. auf 15% der Staatseinnahmen oder durch eine absolute Obergrenze)	0,66
		(3) Kredite sind in einem größeren Rahmen als in (2) erlaubt	0,33
		(4) Keine gesetzliche Höchstgrenze der Kreditvergabe	0
	Grenzen der Offenmarktgeschäfte zur Finanzierung des Staatshaushaltes (*lls*)	Abstufungen und Bewertung analog zu *lla*	
	Wer bestimmt die Konditionen der Kredite (*ldec*)	(1) NB bestimmt über die Konditionen	1
		(2) Konditionen durch gesetzt bestimmt bzw. Festlegung an die NB delegiert.	0,66
		(3) Konditionen müssen von NB und Regierung verhandelt werden	0,33
		(4) Regierung bestimmt über die Konditionen	0
	Kreis der potentiellen Kreditnehmer (*lwidth*)	(1) Lediglich die Zentralregierung darf Kredite der NB anfordern	1
		(2) Auch Gebietskörperschaften dürfen Kredite anfordern	0,66
		(3) Zusätzlich dürfen auch Staatsbetriebe Kredite anfordern	0,33
		(4) NB darf Kredite an den privaten und öffentlichen Sektor geben	0
	Art der Limitierung der Finanzierung der öffentlichen Haushalte, falls vorhanden (*ltype*)	(1) Grenze als absoluter Betrag angegeben	1
		(2) Grenze als prozentualer Betrag des NB-Kapitals oder anderer Verbindlichkeiten angegeben	0,66
		(3) Grenze als prozentualer Betrag der Staatseinnahmen	0,33
		(4) Grenze als prozentualer Betrag der Staatsausgaben	0
	Fristigkeit der Kredite an den Staat (*lmat*)	(1) Begrenzung der Frist auf maximal 6 Monate	1
		(2) Begrenzung der Frist auf maximal 1 Jahr	0,66
		(3) Begrenzung der Frist auf über ein Jahr	0,33
		(4) Keine zeitliche Obergrenze für die Frist	0
	Zinsen auf Notenbankkredite an den Staat (*lint*)	(1) Marktverzinsung	1
		(2) Untergrenze für den Zins auf Kredite an die Regierung	0,75
		(3) Obergrenze für den Zins auf Kredite an die Regierung	0,5
		(4) Keine explizite gesetzliche Regelung	0,25
		(5) Kredite an den Staat werden nicht verzinst	0
	Offenmarktgeschäft (*lprm*)	(1) Notenbank darf Staatspapiere auf dem Primärmarkt kaufen	1
		(2) Notenbank darf keine Staatspapiere auf dem Primärmarkt kaufen	0

Anmerkungen:
Zusammenführung der einzelnen Variablen: (i) CEO (*chief executive officer*): *too*, *app*, *diss*, *off* werden gleichgewichtet, (ii) PF (*policy formulation*): *conf* (50%) und *monpol* und *adv* jeweils 25%, (iii) OBJ (*objectives*): *obj*, (iv) *lla*, *lls*, *ldec* und *lwidth* zählen jeweils einzeln, (v) LM (*lending miscellaneous*): *ltype*, *lmat*, *lint*, *lprm* gleichgewichtet. Insgesamt ergeben sich 8 Variablen: *ceo*, *pf*, *obj*, *lla*, *lls*, *lldec*, *llwidth*, *lm*
Gewichtung:
LVAU: die 8 Variablen werden ungewichtet zu dem Index LVAU zusammengerechnet
LVAW: *ceo* (20%), *pf* (15%), *obj* (15%), *lla* (15%), *lls* (10%), *ldec* (10%), *lwidth* (5%), *lm* (19%)
Quelle: Cukierman (1992a:), gekürzte Übersetzung d. Verf.

TABELLE 10:
CUKIERMAN (1992A)(LVAU)
EINORDNUNG DER LÄNDER IN DEN 1980ERN

Industrieländer		Entwicklungsländer			
Schweiz	0,68	Chile	0,49	Südafrika	0,30
Deutschland	0,66	Tansania	0,48	China	0,29
Österreich	0,58	Ägypten	0,47	Rumänien	0,29
Griechenland	0,51	Bahamas	0,45	Ghana	0,28
USA	0,51	Malta	0,45	West Samoa	0,28
Dänemark	0,47	Argentinien	0,44	Singapur	0,27
Kanada	0,46	Kenia	0,44	Brasilien	0,26
Niederlande	0,42	Türkei	0,44	Thailand	0,26
Irland	0,39	Peru	0,43	Bolivien	0,25
Luxemburg	0,37	Costa Rica	0,42	Nepal	0,25
Island	0,36	Israel	0,42	Ungarn	0,24
Australien	0,31	Nicaragua	0,42	Süd Korea	0,23
Großbritannien	0,31	Honduras	0,41	Zimbabwe	0,23
Frankreich	0,28	Zaire	0,41	Uruguay	0,22
Finnland	0,27	Barbados	0,40	Äthiopien	0,20
Neuseeland	0,27	Uganda	0,37	Kolumbien	0,20
Schweden	0,27	Venezuela	0,37	Libanon	0,19
Italien	0,22	Botswana	0,36	Pakistan	0,19
Spanien	0,20	Mexiko	0,36	Marokko	0,16
Belgien	0,19	Malaysia	0,34	Panama	0,16
Japan	0,16	Indien	0,33	Jugoslawien	0,13
Norwegen	0,14	Nigeria	0,33	Philippinen	0,13
		Indonesien	0,32	Polen	0,10
		Zambia	0,31		

Anmerkungen:
Einteilung der Länder in Industrie- und Entwicklungsländer nach Cukierman.
Quelle: Cukierman (1992a: 381).

TABELLE 11:
DURCHSCHNITTLICHER WECHSEL DER ZENTRALBANKPRÄSIDENTEN
(1950-89) (TURN)

Industrieländer		Entwicklungsländer			
Island	0,03	Südafrika	0,10	Venezuela	0,30
Dänemark	0,05	Barbados	0,11	Ägypten	0,31
Niederlande	0,05	Philippinen	0,13	Peru	0,33
Italien	0,08	Honduras	0,13	Indien	0,33
Luxemburg	0,08	Malaysia	0,13	Uganda	0,34
Norwegen	0,08	Tansania	0,13	Singapur	0,37
Deutschland	0,10	Israel	0,14	Zambia	0,38
Großbritannien	0,10	Mexiko	0,15	Uruguay	0,38
Kanada	0,10	Zimbabwe	0,15	Türkei	0,40
Belgien	0,13	Kenia	0,17	Botswana	0,41
Finnland	0,13	Libanon	0,19	Süd Korea	0,43
Schweiz	0,13	Bahamas	0,19	Chile	0,45
USA	0,13	Nigerien	0,19	Costa Rica	0,58
Frankreich	0,15	Äthiopien	0,20	Argentinien	0,93
Irland	0,15	Kolumbien	0,20		
Neuseeland	0,15	Thailand	0,20		
Schweden	0,15	Zaire	0,23		
Griechenland	0,18	Panama	0,24		
Japan	0,20	Malta	0,28		
Spanien	0,20	Ghana	0,28		

Anmerkungen:
Einteilung der Länder in Industrie- und Entwicklungsländer nach Cukierman.

Die Tabelle gibt die durchschnittliche Anzahl der Wechsel der Zentralbankpräsidenten pro Jahr an. Ein Wert von 0,93 (Argentinien) bedeutet, daß der Zentralbankpräsident im untersuchten Zeitraum durchschnittlich alle 13 Monate wechselte. Ein Wert von 0,1 (Deutschland) bedeutet eine durchschnittliche Amtszeit von zehn Jahren.

Quelle: eigene Darstellung nach Cukierman (1992a: 384).

TABELLE 12:
ERMITTELTE RÄNGE DER LÄNDER (ABSOLUTE WERTE)

	BP	ES	AS	A	GMT	dHS	BW	LVAU	FH	MITTE	STAB	DIFF
Belgien	7,5	4,5	8	7	6,5	8,5	7	8	9	7,33	1,25	4,50
Deutschland	1,5	1,5	1,5	1,5	1	1	1,5	2	1	1,39	0,31	1,00
Frankreich	7,5	8	8	7	6,5	8,5	7	7	6,5	7,33	0,67	2,00
Großbritannien	7,5	8	8	7	8,5	6	7	6	4,5	6,94	1,19	4,00
Italien	7,5	8	10	10	10	8,5	7	9	10	8,89	1,12	3,00
Japan	3,5	4,5	5	3,5	8,5	8,5	7	10	8	6,50	2,29	6,50
Kanada	7,5	10	5	7	4	5	7	4	6,5	6,22	1,83	6,00
Niederlande	7,5	4,5	5	7	5	3,5	7	5	4,5	5,44	1,30	4,00
Schweiz	1,5	1,5	1,5	1,5	2,5	3,5	1,5	1	2	1,83	0,71	2,50
USA	3,5	4,5	3	3,5	2,5	2	3	3	3	3,11	0,66	2,50

Anmerkungen:
MITTE = Mittelwert
STAB = Standardabweichung
DIFF = Differenz zwischen höchster und niedrigster Einteilung
In den Fällen, in denen verschiedene Banken denselben Wert erhielten, wurde der Mittelwert der von ihnen belegten Ränge ermittelt. Lagen zum Beispiel drei Länder zwischen Platz drei und Platz fünf, erhielten alle drei den Wert 4.

Quelle: Die Studien der jeweiligen Autoren (siehe Verzeichnis der in der Arbeit verwandten Meß-konzept) und eigene Berechnungen.

TABELLE 13:
ERMITTELTE RÄNGE DER LÄNDER (RELATIVE WERTE)

	BP	ES	AS	A	GMT	dHS	BW	LVAU	FH	MITTE	STAB	DIFF
Belgien	50%	60%	50%	50%	54%	42%	33%	28%	4%	41%	16%	56%
Deutschland	100%	100%	100%	100%	100%	100%	100%	97%	100%	100%	1%	3%
Frankreich	50%	40%	50%	50%	54%	42%	33%	41%	15%	42%	7%	39%
Großbritannien	50%	40%	50%	50%	46%	50%	33%	46%	19%	43%	6%	31%
Italien	50%	40%	44%	38%	38%	42%	33%	32%	4%	36%	5%	46%
Japan	75%	60%	63%	75%	46%	42%	33%	24%	11%	48%	18%	64%
Kanada	50%	20%	63%	50%	85%	75%	33%	68%	15%	51%	20%	70%
Niederlande	50%	80%	63%	50%	77%	83%	33%	62%	19%	57%	16%	64%
Schweiz	100%	100%	100%	100%	92%	83%	100%	100%	98%	97%	6%	17%
USA	75%	60%	88%	75%	92%	92%	67%	75%	62%	76%	11%	32%

Anmerkungen:
MITTE = Mittelwert
STAB = Standardabweichung
DIFF = Differenz zwischen höchster und niedrigster Einteilung
Die Prozentzahlen wurden relativ zu der höchsten tatsächlichen Einordnung des jeweiligen Indizes errechnet.
Das „unabhängigste" Land erhält den Wert: 100%.
Quelle: Die Studien der jeweiligen Autoren (siehe Verzeichnis der in der Arbeit verwandten Meß-konzept) und eigene Berechnungen.

TABELLE 14:
IN DEN MEßKONZEPTEN BERÜCKSICHTIGTE KRITERIEN

Kriterien	BP	A	BW	ES	GMT	LVAU
Ziele und Aufgaben						
Geldwertstabilitätsmandat					*	*
Bankenaufsicht					*	
Institutionelle Unabhängigkeit						
Entscheidungsunabhängigkeit in der Geldpolitik	*	*	*	*	*	*
Gesetzliche Konfliktregulierungsmechanismen					*	*
Stimmberechtigter Regierungsvertreter	*	*			*	*
Personelle Unabhängigkeit						
Wahl des Zentralbankpräsidenten					*	*
Amtszeit des Zentralbankpräsidenten					*	*
Wahl der Zentralbankleitung	*	*	*	*	*	
Amtszeit der Zentralbankleitung					*	
Instrumentelle Unabhängigkeit						
Regelung Kreditvergabe an den Staat					*	*
Kauf von Staatstiteln auf dem Primärmarkt					*	*
Einsatz geldpolitischer Instrumente					*	*

Quelle: Die Studien der jeweiligen Autoren (siehe Verzeichnis der in der Arbeit verwandten Meß-konzept).

TABELLE 15:
ÜBERSICHT ÜBER DIE KONZEPTE ZUR MESSUNG DER
UNABHÄNGIGKEIT VON ZENTRALBANKEN

	BP	A	AS	ES	BW	dHS	FH	G-P	G-Ö	GMT	LVAU	TURN	QVAU	CMW
									GMT			CUK		
Höchstwerte	4	4	4	5	3	14	1	8	8	16	1	1	1	1
Australien	1	1	2	1	1	9	0,03	3	6	9	0,31		0,73	
Belgien	2	2	2	3	1	5	0,04	1	6	7	0,19	0,13	0,53	
Dänemark		2	2,5			6	0,39	3	5	8	0,47	0,05	0,7	
Deutschland	4	4	4	5	3	12	1,00	6	7	13	0,66	0,1	1	1
Finnland											0,27	0,13	0,75	
Frankreich	2	2	2	2	1	5	0,15	2	5	7	0,28	0,15	0,65	0
Griechenland						4		2	2	4	0,51	0,18		
Großbritannien	2	2	2	2	1	6	0,19	1	5	6	0,31	0,1	0,6	0
Irland						7	0,33	3	4	7	0,39	0,15	0,51	
Italien	2	1,5	1,75	2	1	5	0,04	4	1	5	0,22	0,08	0,76	
Japan	3	3	2,5	3	1	5	0,11	1	5	6	0,16	0,2		0
Kanada	2	2	2,5	1	1	9	0,15	4	7	11	0,46	0,1		0
Neuseeland		1	1		1	3		0	3	3	0,27	0,15		1
Niederlande	2	2	2,5	4	1	10	0,19	6	4	10	0,42	0,05		
Norwegen		2	2								0,14	0,08		
Österreich				2		7		3	6	9	0,58			0
Portugal						3		1	2	3				
Schweiz	4	4	4	5	3	10	0,98	5	7	12	0,68	0,13		
Schweden	2	2	2	2	1		0,12				0,27	0,15		0
Spanien		1	1,5			4	0,06	2	3	5	0,21	0,2		0
USA	3	3	3,5	3	2	11	0,62	5	7	12	0,51	0,13		1

Quelle: Die Studien der jeweiligen Autoren (siehe Verzeichnis der in der Arbeit verwandten Meß-konzept).

LITERATURVERZEICHNIS

Acheson, K./J.F. Chant (1973): Bureaucratic theory and the choice of central bank goals. The case of Canada. In: Journal of Money, Credit and Banking 5, 1, 637-655.

Alesina, Alberto (1988): Macroeconomics and politics. In: NBER Macroeconomics Annual, 13-52.

Alesina, Alberto (1989): Politics and business cycles in industrial democracies. In: Economic Policy 8, April, 58-98.

Alesina, Alberto/Laurence H. Summers (1993): Central bank independence and macroeconomic performance: Some comparative evidence. In: Journal of Money Credit and Banking 25, 2, 151-162.

Al-Marhubi, Fahim/Willett Thomas D. (1995): The anti-inflationary influence of corporatist structures and central bank independence: The importance of the hump shaped hypothesis. In: Public Choice 84, 158-162.

Anyadike-Danes, M. K. (1995): Comments on measuring the independence of central banks and its effects on policy outcomes by Cukierman, Webb and Neyapati. In: World Bank Economic Review 9, 2, 335-340.

Bade, Robert/Michael Parkin (1978): Central bank laws and monetary policies: a preliminary investigation. In: M. Porter (Hrsg.): The Australien monetary system in the 1970s. Melbourne, 24-39.

Bade, Robert/Michael Parkin (1985): Central bank laws and monetary policy. University of Western Ontario: Department of Economics (unveröffentlichtes Manuskript).

Bade, Robert/Michael Parkin (1988): Central bank laws and monetary policy. University of Western Ontario: Department of Economics (unveröffentlichtes Manuskript).

Bagheri, Fatholla M./Nader Habibi (1998): Political institutions and central bank independence: a cross-country analysis. In: Public Choice 96, 187-204.

Banaian, King/Richard Burdekin/Thomas Willett (1995): On the political economy of central bank independence. In: Kevin Hoover/Steven Sheffrin (Hrsg.): Monetarism and the methodology of economics / Essays in honour of Thomas Mayer. Aldershot: Edward Elgar, 178-197.

Banaian, King/Richard Burdekin/Thomas Willett (1998): Reconsidering the principal components of central bank independence: the more, the merrier? In: Public Choice 97, 1-2, 1-12.

Banaian, King/Leroy O. Laney/Thomas D. Willett (1986): Central bank independence: An international comparision. In: Eugenia Froedge Toma/Mark Toma (Hrsg.): Central bankers, bureaucratic incentives and monetary policy. Dordrecht: Kluwer Academic Publishers, 199-217.

Barro, Robert J. (1995): Inflation and economic growth. In: Bank of England Quarterly Bulletin 35, 166-176.

Barro, Robert J./Gordon David B. (1983a): Rules, discretion and Reputation in a model of monetary policy. In: Journal of Monetary Economics 12, 101-120.

Barro, Robert J./David Gordon (1983b): A positive theory of monetary policy in a natural rate model. In: Journal of Political Economy 91, 4, 589-610.

Beaufort Wijnholds, J. Onno de/Lex H. Hoogduin (1994): Central bank autonomy: policy issues. In: J. Onno de Beaufort Wijnholds/Sylvester Eijffinger/Lex H. Hoogduin (Hrsg.): A framework for monetary stability. Dordrecht: Kluwer Academic Publishers, 75-95.

Berger, Helge (1997): Die aktuelle Debatte um die Zentralbankunabhängigkeit: theoretische und empirische Fragen. In: Zeitschrift für Unternehmensgeschichte 42, 1, 89-111.

Bernhard, William (1998): A political explanation of variations in central bank independence. In: American Political Science Review 92, 2, 311-327.

Bini Smaghi, Lorenzo (1996): How can the ECB be credible? EUI Working Paper RSC No. 96-24.

Bini Smaghi, Lorenzo (1998): The democratic accountability of the European Central Bank. In: Banca Nazionale del Lavoro Quarterly Review 205, 119 - 145.

Blackburn, Keith/Michael Christensen (1989): Monetary policy and policy credibility: theory and evidence. In: Journal of Economic Literature 27, 1-45.

Bleaney, Micheal (1996): Central bank independence, wage bargaining structure and macroeconomic performance in OECD countries. In: Oxford Economic Papers 48, 20-38.

Blinder, Alan (1999): Central bank credibility: why do we care? How do we build it? NBER Working Paper No. 7161.

Blinder, Alan S. (1998): Central banking in theory and practice. Cambridge (Mass): MIT Press.

Bofinger, Peter/Carsten Hefeker/Kai Pfleger (1998): Stabilitätskultur in Europa: Theoretische Grundlagen, empirische Befunde, Bedeutung für die EWU. Stuttgart: Deutscher Sparkassen Verlag.

Bofinger, Peter/Julian Reischle/Andrea Schächter (1996): Geldpolitik: Ziele, Institutionen, Strategien und Instrumente. München: Vahlen.

Bofinger, P. Ketterer K. H. (1996): Neuere Entwicklungen in der Geldtheorie und Geldpolitik Festschrift für Norbert Kloten: Tübingen.

Briault, Clive B./Andrew G. Haldane/Mervyn A. King (1996): Independence and accountability. Bank of England: Working Paper Series No. 49.

Bruno, M. Easterly W. (1998): Inflation crises and long run growth. In: Journal of Monetary Economics 41, 3-26.

Burdekin, Richard/Thomas D. Willett (1991): Central bank reform: the Federal Reserve in international perspective. In: Public Budgeting and Financial Management 3, 3, 619-649.

Burdekin, Richard C.K./Leroy Laney (1988): Fiscal policy making and the central bank institutional constraint. In: Kyklos 41, 4, 647-662.

Burdekin, Richard C. K. /Clas Wihlborg/Thomas D. Willett (1992): A monetary constitution case for an independent European Central Bank. In: World Economy 15, 2, 231-249.

Burdekin, Richard C.K./Mark E. Wohar (1990): Monetary Institutions, budget deficits and inflation / Empirical results for eight countries. In: European Journal of Political Economy 6, 531-551.

Caesar, Rolf (1981): Der Handlungsspielraum von Notenbanken. Theoretische Analyse und internationaler Vergleich. Baden-Baden: Nomos Verlagsgesellschaft.

Caesar, Rolf (1994): Central banks and governments: issues, traditions, lessons. Universität Hohenheim: Diskussionsbeiträge aus dem Institut für Volkswirtschaftslehre Nr. 94/1994.

Calmfors, L./J. Driffil (1988): Bargaining structure, corporatism and macroeconomic performance. In: Economic Policy 6, 13-61.

Campillo, Marta /Jeffey A. Miron (1996): Why does inflation differ across countries? NBER Working Paper No. 5540.

Capie, Forrest/Charles Goodhart/Norbert Schnadt (1994): The development of central banking. In: Forrest Capie/Charles Goodhart/Stanley Fischer/Norbert Schnadt (Hrsg.): The future of central banking. Cambridge: Cambridge University Press, 1-232.

Capie, Forrest H. /Terence C. Mills/Geoffrey E. Wood (1994): Central bank independence and inflation performance: An explanatory data analysis. In: Pierre

Siklos (Hrsg.): Varieties of monetary reform. Boston, Dordrecht, London: Kluwer Academic Publishers, 95-133.

Cargill, Thomas F. (1989): Central bank independence and regulatory responsibilities: The Bank of Japan and the Federal Reserve. New York University, Salomon Brothers Center for the Study of Financial Institutions: Monograph Series in Finance and Economics 1989-2.

Cargill, Thomas F. (1995): The statistical association between central bank independence and inflation. In: Banca Nazionale del Lavoro Quarterly Review 193, 159-172.

Cassel, Dieter (1990): Inflation. In: Dieter Bender et al (Hrsg.): Vahlens Kompendium der Wirtschaftstheorie und Wirtschaftspolitik. München: Vahlen, 265-321.

Cottarelli, Carlo (1993): Limiting central bank credit to the government: Theory and practice. IMF Occasional Paper No. 110.

Cukierman, Alex (1992a): Central bank strategy, credibility and independence: Theory and evidence. Cambridge (Mass.): MIT Press.

Cukierman, Alex (1992b): Central bank independence. In: Peter Newman/Murray Milgate/John Eatwell (Hrsg.): The New Palgrave Dictionary of Money & Finance., 320-321.

Cukierman, Alex (1996): The economics of central banking. Tilburg University: Center of economic research, Discussion Paper No. 9631.

Cukierman, Alex/Sebastian Edwards/Guido Tabellini (1992): Seignorag and political instability. In: American Economic Review 82, 3, 537-555.

Cukierman, Alex/Pantelis Kalaitzidakis/Lawrence Summers/Steven Webb (1993): Central bank independence, growth, investment and real rates. In: Carnegie-Rochester Conference Series on Public Policy 39, 95-140.

Cukierman, Alex/Francesco Lippi (1998): Central bank independence, centralization of wage bargaining, inflation and unemployment: theory and evidence. Banca d'Italia: Temi di discussione del servizio studi Nr. 332.

Cukierman, Alex/Steven B. Webb (1995): Political Influence on the central bank: International evidence. In: World Bank Economic Review 9, 3, 397-423.

Cukierman, Alex/Steven B. Webb/Bilin Neyapti (1992): Measuring the independence of central banks and its effects on policy outcomes. In: World Bank Economic Review 6, 3, 353-398.

Dawe (1990): Reserve Bank of New Zealand Act 1989. In: Reserve Bank Bulletin 53, 1, 21-27.

De Gregorio, José (1993): Inflation, taxation and long-run growth. In: Journal of Monetary Economics 31, 271-298.

De Haan, Jakob (1995): Comment. In: Sylvester Eijffinger/Harry Huizinga (Hrsg.): Positive political economy: theory and evidence. Cambridge: Cambridge University Press, 110-119.

De Haan, Jakob (1997a): The European Central Bank: Independence, accountability and strategy: A review. In: Public Choice 93, 395-426.

De Haan, Jakob/Willem Kooi (1997b): What really matters: Conservativeness or independence? In: Banca Nazionale del Lavoro Quarterly Review 200, 23-38.

De Haan, Jakob/Jan E. Sturm (1992): The case for central bank independence. In: Banca Nazionale del Lavoro Quarterly Review 182, 305-327.

De Haan, Jakob/Gert Jan Van T. Hag (1995): Variations in central bank independence across countries, some provisional empirical evidence. In: Public Choice 85, 3-4, 335-351.

Debelle, Guy/Stanley Fischer (1994): How independent should a central bank be? In: Jeffrey C. Fuhrer (Hrsg.): Goals, guidelines, and constraints facing monetary policy makers (Proceedings of a conference held in June 1994). Federal Reserve Bank of Boston: Conference Series No. 38, 195-221.

Deutsche Bundesbank (1998): Gesetz über die Deutsche Bundesbank und Satzung des Europäischen Systems der Zentralbanken und der Europäischen Zentralbank / Bankrechtliche Regelungen I. Frankfurt a.M.: Deutsche Bundesbank.

Dornbusch, Rüdiger (1994): Stabilization and monetary reform in Latin America. In: J. Onno de Beaufort Wijnholds/Sylvester Eijffinger/Lex H. Hoogduin (Hrsg.): A framework for monetary stability. Dordrecht: Kluwer Academic Publishers, 283-298.

Duwendag, Dieter et al. (1993): Geldtheorie und Geldpolitik / Eine problemorientierte Einführung mit einem Kompendium monetärer Fachbegriffe. 4. Auflage. Köln: Bund Verlag.

Eijffinger, Sylvester/Jakob De Haan (1996): The political economy of central bank independence. Princeton New Jersey: Special Papers in International Economics No. 19.

Eijffinger, Sylvester/Eric Schaling (1993): Central bank independence in twelve industrial countries. In: Banca Nazionale del Lavoro Quarterly Review 184, 49-89.

Eijffinger, Sylvester/Eric Schaling (1995): Central bank independence: Criteria and indices. In: Hans-Hermann Francke/Eberhart Ketzel (Hrsg.): Konzepte und

Erfahrungen in der Geldpolitik, Beihefte zu Kredit und Kapital, Heft 13. Berlin: Duncker & Humblot, 185-218.

Eijffinger, Sylvester/Martyn Van Keulen (1995): Central bank independence in another eleven countries. In: Banca Nazionale del Lavoro Quarterly Review 192, 39-83.

Eijffinger, Sylvester/Maarten Van Rooij/Eric Schaling (1996): Central bank independence: A panel data approach. In: Public Choice 89, 163-182.

Emerson, M. et al. (1992): One market, one money. Oxford: Oxford University Press.

Epstein, Gerald/Juliet B Schor (1986): The political economy of central banking. Harvard University, Harvard Institute for Economic Research, Cambridge (Mass.): Discussion Paper 1281.

Europäisches Währungsinstitut (1998): Konvergenzbericht. Frankfurt am Main.

Fair, Don (1979): The independence of central banks. In: The Banker, 10, 31-41.

Felderer, Bernhard/Stefan Homburg (1989): Makroökonomik und neue Makroökonomik. 4. Berlin, Heidelberg, New York: Springer.

Fernández de Lis, Santiago (1996): Classifications of central banks by autonomy: a comparative analysis. Banco de España: Documento de Trabajo No. 9604.

Filc, Wolfgang (1994): Zentralbankautonomie und geldpolitische Effizienz. In: WSI-Mitteilungen 47, 11, 698-708.

Fischer, Stanley (1977): Long-term contracts, rational expectations, and the optimal money supply rule. In: Journal of Political Economy 85, 191-206.

Fischer, Stanley (1993): The role of macroeconomic factors in growth. In: Journal of Monetary Economics 32, 3, 485-512.

Fischer, Stanley (1995b): Modern approaches to central banking: NBER Working Paper No. 5064.

Forder, J. (1996): On the assessment and implementation of 'institutional' remedies. In: Oxford economic papers 48, 1, 39-51.

Forder, J. (1998a): Central bank independence: conceptual clarifications and interim assessment. In: Oxford Economic Papers 50, 3, 307-334.

Forder, James (1998b): The case for an independent European central bank: A reassessment of evidence and sources. In: European Journal of Political Economy 14, 53-71.

Forder, J. (1999): Central bank independence: Reassessing the measurements. In: Journal of Economic Issues 33, 1, 23-40.

Franzese, Robert J. (1999): Partially independent central banks, politicaly responsible governments and inflation. In: American Journal of Political Science 43, 3, 681-706.

Fratianni, Michele/Haizhou Huang (1994): Reputation, central bank independence and the ECB. In: Pierre Siklos (Hrsg.): Varieties of monetary reform. Boston, Dordrecht, London: Kluwer Academic Publisher, 165-193.

Fratianni, Michele/Jürgen von Hagen/Christopher Waller (1997): Central banking as a principal agent problem. In: Economic Inquiry 35, 2, 378-393.

Friedman, Milton (1970): The counter-revolution in monetary theory. London: Institute of Economic Affairs.

Fry, Maxwell (1994): Central banking in developing countries. In: Peter Newman/Murray Milgate/John Eatwell (Hrsg.): The new Palgrave Dictionary of Money and Finance. London: Macmillan Press, 325-327.

Fry, Maxwell J. (1998): Assessing central bank independence in developing countries: do actions speak louder than words? In: Oxford Economic Papers 50, 3, 512-529.

Goodhart, Charles (1995b): Central bank independence. In: Journal of International and Comparative Economics 4, 71-82.

Goodhart, Charles /Dirk Schoenmaker (1993): Institutional separation between supervisory and monetary agencies. In: Charles Goodhart (Hrsg.): The central bank and the financial system. Houndsmill: Macmillan, 333-413.

Goodhart, Charles A. E. (1988): The evolution of central banking. Cambride (Mass.): MIT Press.

Grilli, Vittorio/Donato Masciandaro/Guido Tabellini (1991): Political and monetary institutions and public financial policies in industrialized countries. In: Economic Policy 13, 341-392. (Abgedruckt in: Persson, Torsten / Guido Tabellini (Hrsg.) (1994): Monetary and Fiscal Policy / Volume 2: Politics, Cambridge (Mass.): MIT Press, S. 179-226).

Hadri, Kaddour/Ben Lockwood/John Maloney (1998): Does central bank independence smooth the political business cycle in inflation? In: The Manchester School 66, 377-395.

Hansmeyer, Karl-Heinrich (1968): Wandlungen im Handlungsspielraum der Notenbank? In: C.A. Andrae/K.-H. Hansmeyer/G. Scherhorn (Hrsg.): Geldtheorie und Geldpolitik / Günter Schmölders zum 65. Geburtstag. Berlin, 155-166.

Hasse, Rolf H. (1989): Die Europäische Zentralbank: Perspektiven für eine Weiterentwicklung des Europäischen Währungssystems. In: Rolf H. Hasse (Hrsg.): Die Europäische Zentralbank: Perspektiven für eine Weiterentwicklung des Europäischen Währungssystems / Strategien für die Zukunft Europas / Grundlagen 2. Gütersloh: Bertelsmann Stiftung, 37-246.

Havrilesky, Thomas (1992): The pressures on American Monetary Policy. Norwell (Mass.): Kluwer Academic Publishers.

Havrilesky, Thomas (1993a): The political economy of monetary policy. In: European Journal of Political Economy 10, 111-134.

Havrilesky, Thomas/James Granato (1993b): Determinants of inflationary performance: Corporatist structure vs. central bank autonomy. In: Public Choice 76, 249-261.

Hayo, Bernd (1998): Inflation culture, central bank independence and price stability. In: European Journal of Political Economy 14, 241-263.

Hibbs, Douglas A. (1977): Political Parties and Macroeconomic Policy. In: American Political Science Review 23, 1467-1488.

Hochreiter, Eduard/Riccardo Rovelli/Georg Winckler (1996): Central banks and seigniorage: A study of three economies in transition. In: European Economic Review 40, 629-643.

Holtferich, Carl-Ludwig (1988): Relations between monetary authorities and governmental institutions: the case of Germany from the 19th century to the present. In: Gianni Toniolo (Hrsg.): Central banks' independence in historical perspective. Berlin, New York: Walter de Gruyter, 105-161.

Isard, Peter (1995): Exchange rate economics. Cambridge: Cambridge University Press.

Issing, Otmar (1981): Notenbanken II: Verfassung, Ziele, Organisation und Instrumente. In: Handwörterbuch der Wirtschaftswissenschaften 5, 334-349.

Issing, Otmar (1992): Unabhängigkeit der Notenbank und Geldwertstabilität (Vortrag auf der Jahresfeier der Akademie der Wissenschaften und der Literatur, am 6. November 1992 in Mainz). In: Auszüge aus Presseartikeln Nr. 79 (10.11.1992), 1-8.

Issing, Otmar (1996): Regeln versus Diskretion in der Geldpolitik Marginalien zu einem klassischen Thema. In: Peter Bofinger/Karl-Heinz Ketterer (Hrsg.): Neuere Entwicklungen in der Geldtheorie und Geldpolitik - Implikationen für die Europäische Währungsunion / Festschrift für Norbert Kloten. Tübingen: Mohr, 3-20.

Issing, Otmar (1998): Zur Rolle der Glaubwürdigkeit in der Theorie der Geldpolitik. In: Franz Baltzarek/Felix Butschek/Tichy Gunther (Hrsg.): Von der Theorie zur Wirtschaftspolitik - ein österreichischer Weg. Stuttgart: Lucius & Lucius, 169-181.

Issing, Otmar (1999a): The ECB and its watchers, Speech by Professor Otmar Issing, member of the executive board of the European Central Bank, at the ECB Watchers Conference on 17 June 1999, in Frankfurt, Germany. Frankfurt am Main: Europäische Zentralbank (http:\\www.ecb.int).

Iversen, Torben (1999): The political economy of inflation: bargaining structure or central bank independence? In: Public Choice 99, 237-258.

Jarchow, Hans-Joachim (1995): Theorie und Politik des Geldes / Band II: Geldpolitk. Göttingen: Vandenhoeck und Ruprecht.

Jenkins, M. A. (1996): Central bank independence and inflation performance: Panacea or placebo? In: Banca Nazionale del Lavoro Quarterly Review 197, 241-270.

Johnson, David R./Pierre L. Siklos (1994): Political effects on central bank behaviour: some international evidence. In: Pierre L. Siklos (Hrsg.): Varieties of monetary reform: lessons and experiences on the road to monetaray union. Norwell, Dordrecht: Kluwer Academic Publishers, 133-163.

Johnson, David R./Pierre L. Siklos (1996): Political and economic determinants of interest rate behavior: Are central banks different? In: Economic Inquiry 34, 4, 708-729.

Kastner, Steffen (1994): Glaubwürdigkeit und Reputation der Geldpolitik: Eine modelltheoretische Betrachtung des strategischen Verhaltens von Zentralnotenbanken. Wiesbaden: Deutscher Universitätsverlag.

Kirchgässner, Gerhard (1996): Geldpolitik und Zentralbankverhalten aus der Sicht der Neuen Politischen Ökonomie. In: Peter Bofinger/Karl-Heinz Ketterer (Hrsg.): Neuere Entwicklungen in der Geldtheorie und Geldpolitik - Implikationen für die Europäische Währungsunion / Festschrift für Norbert Kloten. Tübingen: Mohr, 21-41.

Kißmer, Friedrich/Helmut Wagner (1998): Central bank independence and macroeconomic performance: a survey of evidence. FernUniversität Hagen: Diskussionsbeitrag Nr. 255.

Kydland, Finn E./Prescott Edward C. (1977): Rules rather than discretion: The insconsistency of optimal plans. In: Journal of Political Economy 85, 473-491.

Lastra, Rosa Maria (1992): The independence of the European System of Central Banks. In: Harvard International Law Journal 33, 2, 475-519.

Leone, Alfredo (1991): Effectiveness and implications of limits on central bank credit to the government. In: Patrick Downes/Reza Vaez-Zedeh (Hrsg.): The evolving role of central banks. Washington: IMF, 363-414.

Loef, Hans-Edi (1998): Stabilitätskultur und Zentralbankunabhängigkeit: Notwendigkeiten für die neue Währung. In: Hans-Hermann Francke/Eberhart Ketzel/Hans-Hermann Kotz (Hrsg.): Europäische Währungsunion: Von der Konzeption zur Gestaltung. Berlin: Duncker & Humblodt (=Beihefte zu Kredit und Kapital Nr. 14), 317-333.

Loef, Hans-Edi/Georg Ziemes (1989): Zeitinkonsistenz. In: Wirtschaftswissenschaftliches Studium 18, 10, 446-451.

Lohmann, Susanne (1992): Optimal commitment in monetary policy: Credibility versus flexibility. In: American Economic Review 82, 273-286.

Lohmann, Susanne (1997): Is Japan special? Monetary linkages and price stability. In: Monetary and Economic Studies, December, 63-79.

Loungani, Prakash/Nathan Sheets (1997): Central bank independence, Inflation and growth in transition economics. In: Journal of Money, Credit and Banking 29, 381-399.

Lucas, Robert E. (1972): Expectations and the neutrality of money. In: Journal of Economic Theory 4, 2, 103-124.

Lucas, Robert E. (1973): Some international evidence on output-inflation tradeoffs. In: American Economic Review 63, 3, 326-334.

Lybek, Tonny (1999): Central bank autonomy and inflation and output performance in the Baltic States, Russia, and other countries of the Former Soviet Union, 1995-97: IMF Working Paper No. 99-4.

Malinvaud, Edmond (1991): Discussion (of Grilli/Masciandaro/Tabellini 1991). In: Economic Policy 13, 376-379.

Mangano, G. (1998): Measuring central bank independence: A tale of subjectivity and its consequences. In: Oxford Economic Papers 50, 3, 468-492.

Mas, Ignacio (1995): Central bank independence: a critical view from a developing country perspective. In: World Development 23, 10, 1639-1652.

Masciandaro, Donato/Franco Spinelli (1994): Central banks' independence: Institutional determinants, rankings and central bankers views'. In: Scottish Journal of Political Economy 41, 4, 434-443.

Masciandaro, Donato/Guido Tabellini (1988): Monetary regimes and fiscal deficits: a comparative analysis. In: Hang-Sheng Cheng (Hrsg.): Challenges in monetary policy in pacific basin countries. Dordrecht, Lancaster: Kluwer Academic Publishers, 125-152.

Maxfield, Sylvia (1997): Gatekeepers of growth: The international political economy of central banking in developing countries. Princeton (New Jersey): Princeton University Press.

Mayer, Thomas (Hrsg.), (1990): The political economy of American monetary policy. New York, N.Y.: Cambridge University Press.

McCallum, Bennett T. (1995): Two fallacies concerning central bank indpendence. In: American Economic Review 85, 2, 207-211.

McCallum, Bennett T. (1997): Crucial issues concerning central bank independence. In: Journal of Monetary Economics 39, 1, 99-112.

Moser, Peter (1994): The supply of central bank independence. University of St. Gallen: Discussion Paper Nr. 9501.

Moser, Peter (1999): Checks and balances and the supply of central bank independence. In: European Economic Review 43, 1569-1593.

Neumann, Manfred J.M. (1991): Central bank independence as a prerequisite of price stability. In: Commission of the European Communities (Hrsg.): The economics of EMU / Background studies for *European Economy* No 44., 79-92.

Neumann, Manfred J.M. (1992): Monetary Reform. In: Peter Newman/Murray Milgate/John Eatwell (Hrsg.): The New Palgrave Dictionary of Money & Finance. London, Basingstoke: Macmillan, 751-756.

Neumann, Manfred J.M. (1996): Problems in measuring central bank independence. Universität Bonn: Discussion Paper B 352 Sonderforschungsbereich 303.

Neumann, Manfred J.M. (1997): Central bank independence and price stability. In: Österreichische Nationalbank (Hrsg.): Die Bedeutung der Unabhängigkeit der Notenbank für die Glaubwürdigkeit der europäischen Geldpolitik / Volkswirtschaftliche Tagung 1997. Wien: Österreichische Nationalbank, 18-29.

Nordhaus, William D. (1975): The political business cycle. In: Review of Economic Studies 42, 2, 169-190.

Oatley, Thomas (1999): Central bank independence and inflation: Corporatism, partisanship, and alternative indices of central bank independence. In: Public Choice 98, 399-413.

Parkin, Michael (1987): Domestic monetary institutions and deficits. In: James M. Buchanan/Charles K. Rowley/Robert D. Tollison (Hrsg.): Deficits. New York, Oxford: Basil Blackwell, 310-337.

Persson, Torsten/Guido Tabellini (1993): Designing institutions for monetary stability. In: Carnegie-Rochester Conference Series on Public Policy 39, 53-84.

Persson, Torsten/Guido Tabellini (1997): Political economics and macroeconomic policy: NBER Working Paper No. 6329.

Pollard, Patricia S. (1993): Central bank independence and economic performance. In: Federal Reserve Bank of St. Louis Review 75, 4, 21-36.

Posen, A. (1993): Why central bank independence does not cause low inflation: There is no institutional fix for politics. In: Richard O'Brien (Hrsg.): Finance and the international economy: 7 / The Amex Bank Review Price Essays. Oxford: Oxford University Press, 41-65.

Posen, A. (1998): Central bank independence and disinflationary credibility: a missing link. In: Oxford Economic Papers 50, 3, 335-359.

Prast, Henriette (1996): Commitment rather than independence: an institutional design for reducing the inflationary bias of monetary policy. In: Kyklos 49, 3, 377-405.

Richter, Rudolf (1994): "Stabilitätskultur" als Problem der Institutionen-Ökonomik. In: Helmut Hesse/Otmar Issing (Hrsg.): Geld und Moral. München: Vahlen, 73-90.

Richter, Rudolf (1996): Theorie der Notenbankverfassung aus der Sicht der Neuen Institutionenökonomik. In: Peter Bofinger/Karl-Heinz Ketterer (Hrsg.): Neuere Entwicklungen in der Geldtheorie und Geldpolitik - Implikationen für die Europäische Währungsunion / Festschrift für Norbert Kloten. Tübingen: Mohr, 119-136.

Rogoff, Kenneth (1985): The optimal degree of commitment to an intermediate monetary target. In: Quarterly Journal of Economics 100, 4, 1169-1190.

Romer, Christina/David Romer (1996): Institutions for monetary stability. NBER Working Paper No. 5557.

Romer, David (1996): Advanced macroeconomics. New York, London: McGraw-Hill.

Sargent, Thomas J./Neil Wallace (1981): Some unpleasent monetarist arithmetic. In: Federal Reserve Bank of Minneapolis Quarterly Review 5, 1-17.

Sikken, Bernd J./Jakob de Haan (1998): Budget deficits, monetization, and central bank independence in developing countries. In: Oxford Economic Papers 50, 3, 493-511.

Siklos, Pierre L. (1994): Varieties of Monetary Reforms. In: Pierre L. Siklos (Hrsg.): Varieties of monetary reforms: Lessons and experiences on the road to monetary union. Norwell, Dordrecht: Kluwer Academic Publisher, 1-23.

Siklos, Pierre L. (1995): Establishing central bank independence: recent experiences in developing countries. In: Journal of international trade and economic development 4, 3, 341-384.

Simons, Henry (1936): Rules versus authorities in monetary policy. In: Journal of Political Economy 44, 1, 1-30.

Smits, René (1997): The European Central Bank Institutional aspects. Universität Amsterdam.

Swinburne, Mark/Marta Castello-Branco (1991): Central bank indpendence and central bank functions. In: Patrick Downes/Reza Vaez-Zadeh (Hrsg.): The evolving role of central banks. Washington: IMF, 414-455.

Sylla, Richard (1988): The autonomy of monetary authorities: the case aof the U.S. Federal Reserve System. In: Gianni Toniolo (Hrsg.): Central banks' independence in historical perspective. Berlin, New York: Walter de Gruyter, 17-38.

Tarantelli, Ezio (1986): The regulation of inflation and employment. In: Industrial Relations 25, 1, 1-15.

Taylor, John B. (1980): Aggregate dynamics and staggered contracts. In: Journal of Political Economy 88, 1-24.

Temple, Jonathan (1998): Central bank independence: Good news and bad news. In: Economic Letters 61, 2, 215-219.

Tietmeyer, Hans (1996a): Zum Wechselverhältnis von Geldpolitik und Politik aus Sicht der Notenbak. In: Peter Bofinger/Karl-Heinz Ketterer (Hrsg.): Neuere Entwicklungen in der Geldtheorie und Geldpolitik / Festschrift für Norbert Kloten. Tübingen: Mohr, 43-69.

Toma, Eugenia F./Mark Toma (Hrsg.), (1986): Central bankers, bureaucratic incentives and monetary policy. Dordrecht: Martinus Nijhoff Publishers.

Toma, E. F. Toma M. (1986): Central bankers, bureaucratic incentives and monetary policy: An introduction. In: Toma Toma (Hrsg.):, 1-11.

Toniolo, Gianni (Hrsg.), (1988): Central banks' independence in historical perspective. Berlin, New York: Walter de Gruyter.

Vaubel, Roland (1993): Eine Public Choice Analyse der Deutschen Bundesbank und ihre Implikationen für die Europäische Währungsunion. In: Dieter Duwendag/Jürgen Siebke (Hrsg.): Europa vor dem Eintritt in die Wirtschafts- und Währungsunion. Berlin: Duncker & Humbldt, 23-81.

Vaubel, Roland (1997): The bureaucratic and partisan behavior of independent central banks: German and international evidence. In: European Journal of Political Economy 13, 201-224.

Wagner, Helmut (1999): Monetary policy in transition economies: on central bank independencen and nominal anchors. FernUniversität Hagen: Diskussionsbeitrag Nr. 270.

Wagner, Helmut (2000): Globalization and Inflation. In: Helmut Wagner (Hrsg.): Globalization and Unemployment. Berlin: Springer, 345-390, im Erscheinen.

Walsh, C. E. (1993): Central bank strategies, credibility and independence: A review essay. In: Journal of Monetary Economics 32, 287-302.

Walsh, Carl E. (1995a): Optimal contracts for central bankers. In: American Economic Review 85, 1, 150-167.

Walsh, Carl E. (1995b): Is New Zealands Reserve Bank Act of 1989 an optimal central bank contract? In: Journal of Money, Credit and Banking 27, 4, 1179-1191.

Walsh, Carl E. (1997): Inflation and central bank independence: is Japan really an outlier? In: Monetary and Economic Studies, Mai, 89-117.

Weber, Alex (1995): Monetary Policy in Europe: towards a European central bank and one European currency. In: Journal of Public Administration 18, 10, 1513-1562.

Willeke, Caroline (1993): Zentralbanken und Inflation. Ein institutionenökonomischer Ansatz, Finanzwissenschaftliche Forschungsarbeiten an der Universität Köln, Neue Folge Band 60. Berlin: Duncker & Humblodt.

Willett, Thomas D./Learoy O. Laney (1978): Monetarism, budget deficits and wage push inflation: The case of Italy and the U.D. In: Banca Nazionale del Lavoro Quarterly Review 31, 315-331.

In der Schriftenreihe *Wirtschaftspolitische Forschungsarbeiten der Universität zu Köln* sind bisher erschienen:

Terres, Paul:
Der Weg zur Internationalisierung der D-Mark
(Wirtschaftspol. Forschungsarbeiten, Bd. 1)
2 Mikrofiches, 135 S., 68 DM, 1996
ISBN 3-89608-221-3

Schaffer, Thomas:
Privatisierungskonzepte im Transformationsprozeß sozialistischer Planwirtschaften
(Wirtschaftspol. Forschungsarbeiten, Bd. 2)
2 Mikrofiches, 141 S., 68 DM, 1996
ISBN 3-89608-222-1

Prokop, Marc:
Finanzwirtschaftliche und finanzwissenschaftliche Aspekte eines Europäischen Finanzausgleichs
(Wirtschaftspol. Forschungsarbeiten, Bd. 3)
2 Mikrofiches, 135 S., 48 DM, 1996
ISBN 3-89608-223-X

Merten, Iris:
Geldpolitik in Spanien. Von den frühen 70er Jahren bis zur Gegenwart.
(Wirtschaftspol. Forschungsarbeiten, Bd. 4)
2 Mikrofiches, 152 S., 68 DM, 1996
ISBN 3-89608-224-8

Mikoleizik, Andreas:
Geldverfassung und Geldwertstabilität
(Wirtschaftspol. Forschungsarbeiten, Bd. 5)
1 Mikrofiche, 87 S., 48 DM, 1996
ISBN 3-89608-225-6 (inzwischen auch als Buchausgabe lieferbar unter der ISBN 3-8288-9019-9 zum Preis von 49,80 DM)

Scharrenbroch, Christiane:
Die Konvergenzkriterien des Vertrages von Maastricht und ihre ökonomische Begründung
(Wirtschaftspol. Forschungsarbeiten, Bd. 6)
2 Mikrofiches, 125 S., 68 DM, 1996
ISBN 3-89608-226-4

Böhlich, Susanne:
Die Verschuldung als Finanzierungsinstrument der Europäischen Union
(Wirtschaftspol. Forschungsarbeiten, Bd. 7)

1 Mikrofiche, 93 S., 48 DM, 1996
ISBN 3-89608-227-2

Seiche, Florian:
Die Savings und Loan Industrie in den Vereinigten Staaten von Amerika. Anatomie einer Krise
(Wirtschaftspol. Forschungsarbeiten, Bd. 8)
1 Mikrofiche, 87 S., 48 DM, 1996
ISBN 3-89608-228-0

Borgis, Oliver:
Internationale Währungskooperation am Beispiel des Weltgeldmengenkonzeptes von McKinnon
(Wirtschaftspol. Forschungsarbeiten, Bd. 9)
2 Mikrofiches, 105 S., 68 DM, 1996
ISBN 3-89608-229-9

Ditzer, Roman:
Die japanische Entwicklungshilfe
(Wirtschaftspol. Forschungsarbeiten, Bd. 10)
2 Mikrofiches, 99 S., 68 DM, 1996
ISBN 3-89608-230-2

Klein, Thilo:
Die peruanische Währungsreform von 1990
(Wirtschaftspol. Forschungsarbeiten, Bd. 11)
2 Mikrofiches, 106 S., 68 DM, 1997
ISBN 3-89608-594-8

Hagenkort, Susanne:
Der Geldschöpfungsgewinn bei staatlichem Geldangebot
(Wirtschaftspol. Forschungsarbeiten, Bd. 12)
1 Mikrofiche, 83 S., 48 DM, 1997
ISBN 3-89608-595-6

Zängerle, Robert:
Medienkonzentration im Fernsehen. Ursachen und Möglichkeiten ihrer Begrenzung am Beispiel Brasilien
(Wirtschaftspol. Forschungsarbeiten, Bd. 13)
2 Mikrofiches, 108 S., 68 DM, 1997
ISBN 3-89608-596-4

Seiche, Florian:
Währungskonkurrenz und Notenbankfreiheit.
Möglichkeiten einer wettbewerblich
organisierten Geldverfassung ?
(Wirtschaftspol. Forschungsarbeiten, Bd. 14)
als Buch lieferbar, 232 S., 49,80 DM, 1997
ISBN 3-89608-764-9

Stapf, Jelena:
Zur Theorie der Währungskonkurrenz. Beseitigung des staatlichen Geldangebotsmonopols und der Geldnachfrageschranken
(Wirtschaftspol. Forschungsarbeiten, Bd. 15)
1 Mikrofiche, 82 S., 48 DM, 1997
ISBN 3-8288-0031-9

Brochhagen, Thomas:
Die westdeutsche Währungsreform von 1948
und die Währungsreform 1990 in der DDR:
eine vergleichende Betrachtung
(Wirtschaftspol. Forschungsarbeiten, Bd. 16)
2 Mikrofiches, 186 S., 68 DM, 1997
ISBN 3-8288-0103-X

Wacker, Heiko:
Das brasilianische Wechselkurssystem
(Wirtschaftspol. Forschungsarbeiten; Bd. 17)
als Buch lieferbar, 114 S., 39,80 DM, 1997
ISBN 3-89608-812-2

Ute Eckhardt:
Dezentralisierung in Kolumbien. Eine Analyse
der Reorganisation von Aufgaben,
Finanzbeziehungen und Kontrollmechanismen
zwischen Gebietskörperschaften,
(Wirtschaftspol. Forschungsarbeiten; Bd. 18)
als Buch lieferbar, 290 S., 49,80 DM, 1998
ISBN 3-8288-9013-X

Fritsche, Michael:
Der aktive Finanzausgleich in Brasilien auf der
Grundlage der Verfassung von 1988
(Wirtschaftspol. Forschungsarbeiten; Bd. 19)
als Buch lieferbar, 174 S., 49,80 DM, 1997
ISBN 3-89608-815-7

Schmücker, Julia:
Erfolgreiche Stabilisierungspolitik nach einer
großen offenen Inflation. Der Plan Cavallo in
Argentinien
(Wirtschaftspol. Forschungsarbeiten; Bd. 20)
als Buch lieferbar, 114 S., 49,80 DM, 1998

ISBN 3-8288-9008-3

Kellner, Gundula:
Die chilenische Rentenreform und ihre
Bedeutung für die inländische Kapitalbildung
(Wirtschaftspol. Forschungsarbeiten; Bd. 21)
als Buch lieferbar, 140 S., 49,80 DM, 1998
ISBN 3-8288-9016-4

Mann, Thomas:
Fundamentale Zahlungsbilanzkrisenmodelle
und Bankenkrise am Fallbeispiel Mexiko
(Wirtschaftspol. Forschungsarbeiten; Bd. 22)
als Buch lieferbar, 204 S., 49,80 DM, 1998
ISBN 3-8288-9017-2

Thiel, Ingo:
Der dörfliche Bodenübernahmevertrag
(nongcun tudi chengbao hetong) in der VR
China
(Wirtschaftspol. Forschungsarbeiten; Bd. 23)
als Buch lieferbar, 118 S., 49,80 DM
ISBN 3-8288-9018-0

Sachon, Julia:
Das Currency-Board-System der
Währungspolitik als Stabilisierungsinstrument
am Beispiel Argentiniens
(Wirtschaftspol. Forschungsarbeiten; Bd. 24)
als Buch lieferbar, 140 S., 49,80 DM, 1998
ISBN 3-8288-9023-7

Forati Kashani, Vahid:
Das iranische Finanzsystem
(Wirtschaftspol. Forschungsarbeiten; Bd. 25)
als Buch lieferbar, 336 S., 49,80 DM, 1998
ISBN 3-8288-9024-5

Schumacher Xavier, Cordula:
Stabilisierungspolitik in Brasilien.
Der Plano Real
(Wirtschaftspol. Forschungsarbeiten; Bd. 26)
als Buch lieferbar, 116 S., 49,80 DM, 1998
ISBN 3-8288-9026-1

Ditzer, Roman:
Der Instrumenteneinsatz in der japanischen
Regionalpolitik mit einer Fallstudie zur
Präfektur Okinawa
(Wirtschaftspol. Forschungsarbeiten; Bd. 27)
als Buch lieferbar, 214 S., 49,80 DM, 1998
ISBN 3-8288-9028-8

Rumker-Yazbek, Dorothee:
Die Indexierung in der Wirtschaft Brasiliens
(Wirtschaftspol. Forschungsarbeiten; Bd. 28)
als Buch lieferbar, 92 S., 44,80 DM, 1999
ISBN 3-8288-9032-6

Prokop, Marc:
Finanzausgleich und europäische Integration.
Ein regionaler Ansatz
(Wirtschaftspol. Forschungsarbeiten; Bd. 29)
als Buch lieferbar, 302 S., 49,80 DM, 1999
ISBN 3-8288-9030-X

Homann, Simone:
Reformen des Finanzsystems im
Transformationsprozeß zentral geplanter
Volkswirtschaften. Das Beispiel der
Volksrepublik China
(Wirtschaftspol. Forschungsarbeiten; Bd. 30)
als Buch lieferbar, 174 S., 49,80 DM, 1999
ISBN 3-8288-9036-9

Mohr, Matthias:
Der Einfluß der Kommunalverfassung auf die
Kommunalverschuldung
(Wirtschaftspol. Forschungsarbeiten; Bd. 31)
als Buch lieferbar, 200 S., 49,80 DM, 1999
ISBN 3-8288-9031-8

**Feldsieper, Manfred; Wessels, Wolfgang
(Hrsg.):**
Die Beziehungen zwischen der Europäischen
Union und Lateinamerika. Ein Materialband
zum Lehrprojekt "Simulationsseminare EU-
Lateinamerika" an der Universität zu Köln
(Wirtschaftspol. Forschungsarbeiten; Bd. 32)
als Buch lieferbar, 120 S., 49,80 DM, 1999
ISBN 3-8288-9034-2

Hartmann, Philipp:
Agrarreform im brasilianischen Bundesstaat
Ceará. Ökonomische Analyse und Bewertung
(Wirtschaftspol. Forschungsarbeiten; Bd. 33)
als Buch lieferbar, 118 S., 49,80 DM, 1999
ISBN 3-8288-9037-7

Bürfent, Peter:
Rentenreformen in Lateinamerika
(Wirtschaftspol. Forschungsarbeiten; Bd. 34)
als Buch lieferbar, 366 S., 49,80 DM, 2000
ISBN 3-8288-9038-5

Conrad, Heinz Harald:
Reformen und Problembereiche der
öffentlichen Rentenversicherung in Japan
(Wirtschaftspol. Forschungsarbeiten; Bd. 35)
als Buch lieferbar, 331 S., 49,80 DM, 2000
ISBN 3-8288-8159-9

Gerstenberger, Björn:
Die Stellung der Zentralbank im
wirtschaftspolitischen System Brasiliens
(Wirtschaftspol. Forschungsarbeiten; Bd. 36)
als Buch lieferbar, 105 S., 49,80 DM, 2000
ISBN 3-8288-8164-5

Botzenhardt, Philipp:
Konzepte zur Messung der Unabhängigkeit
von Zentralbanken
(Wirtschaftspol. Forschungsarbeiten; Bd. 37)
als Buch lieferbar, 105 S., 49,80 DM, 2000
ISBN 3-8288-8214-5

www.ingramcontent.com/pod-product-compliance
Lightning Source LLC
Chambersburg PA
CBHW020844210326
41598CB00019B/1960